東北まちづくりオフサイトミーティング運営委員
後藤 好邦［著］

『知域』に1歩
飛び出そう！

ネットワーク活動で
ひろがる
公務員ライフ

ぎょうせい

はじめに

本書は、２０１５年４月より月刊ガバナンスで連載している「『後藤式』知域に飛び出す公務員ライフ」の連載記事をベースに、加筆、再構成し単行本化したものである。私は、酒造りやイクメン、自治体職員を中心とした勉強会の開催など、仕事以外の活動にも精力的に取り組んでおり、そうした活動を〝知域活動〟と呼んでいる。連載では、この知域活動を通して感じた地方自治や地域づくりなどに関する私自身の想いや、尊敬する数多くの人財からお聞きした珠玉の言葉などを紹介している。

成長社会から成熟社会へと時代がシフトするなかで、自治体職員には、答えのない時代のなかで、既成概念に捉われることなく、地域の実情に合った斬新な政策を考え実行することが求められている。その一方で、限られた地域資源を有効活用し、多様な住民ニーズに応えていくためには、行政だけが公の担い手となるのではなく、多様なセクターが公の担い手となり連携しながら取り組んでいく総働によるまちづくりを実践していかなければならない。こうした状況から、自治体職員には、独自の政策を創り出すための発想力や想像力に加え、他セクターの人材とのつながりを持ち、それらの人材と共に活動することができる協働力を身に付けておく必要がある。

こうした自治体職員のおかれている現状を踏まえ、本書では、私自身の公私にわたるさまざまな活動から、ネットワークの意義や有効性、ネットワーク活動のはじめ方や仕事への活用方法、自治体職員一人ひとりに求められる公務員像などを示し、自治体間や身近な職場内の連携など、〝つながる〟をキーワードに、一人ではなく皆で活動することの大切さを伝えていきたいと考えている。そして、自治体内の仕事に終始してしまいがちな毎日のなかで、多くの自治体職員にとって、本書が知域に飛び出すきっかけとなれば幸いである。

序章では、公務員の役割・意義とは何か、公務員の仕事の魅力について解説する。
第1章では、自治体間でつながることで広がる可能性について、実際の活動を基に解説する。
第2章では、ネットワーク活動をはじめたきっかけから、自治体職員が行動を起こすための方法について解説する。
第3章では､自治体業務とネットワーク活動の両立と日々の仕事への向き合い方のコツを解説する。
第4章では、後進の育成や活動の継続にとって必要なことについて解説する。

自治体職員の働き方や生き方に正解はない。その答えは、一人ひとり異なるものであり、その答えを自ら考え、実践することに意味がある。読者のみなさんが、その答えを考える際、あるいは、導き出した答えを形にするための活動を実践する際に、本書がその一助となることを願っている。

２０２０年12月

後藤　好邦

◆目　次◆

第1章 ネットワーク活動で、自治体の輪を広げる

第2章 ネットワーク活動、はじめの1歩

第3章　仕事とネットワーク活動の両立

序章

今、求められる公務員の姿

あなたにとって人生の転機はいつ？

この質問に、あなたはどう答えるだろうか。もしかすると「人生の転機に出会ったことがない」と答える方もいるのかもしれない。ラッキーなことに、私は人生の転機が2度も訪れた。双方ともに30代の時である。1度目は33歳のとき。それは人生で初めて自主的な学びの場に1歩踏み出したときのことだった。この出来事については、第2章で詳しく話をするが、これをきっかけに私は仕事以外の活動に精力的に参加するようになった。そして、2度目の転機は37歳のとき。東北まちづくりオフサイトミーティング（以下、「東北ＯＭ」）を立ち上げたときである。東北ＯＭの発足をきっかけに、私は勉強会の企画運営など、さまざまな活動を自ら主体的に仕掛けるようになった。**この2つの転機により、私はワーク（仕事）とライフ（家庭）以外の時間を有効活用し、多種多様な活動に関わることになったのである。**私はこうした活動を〝知域〟活動と呼び、日々、知域に飛び出す公務員ライフを楽しんでいる。そこで、本書のはじまりにあたり、私が創った造語である〝知域〟についてお話しすることにしよう。

・〝知域〟とは？

はじめに知域という言葉を生み出すきっかけとなった東北ＯＭの活動について簡単に紹介したい。東北ＯＭは東北の自治体職員が中心となり、地域活性化に資する人材育成や震災復興に向けた支援活動などに取り組む広域的なネットワークである。その発足は飲み会のちょっとした雑談に端を発している。２００９年2月、ある飲み会の席で岩手県北上市職員の佐々木範久さん、高橋直子さんと自治体職員のモチベーションを高めるための定期的な勉強会を開催しようという話になった。その後、われわれ発起人の想いに共感した宮城県栗原市職員の鈴木敬さんや山形県職員の加藤法弘さんなどの協力もあり、２００９年6月にキックオフミーティングを開催することができた。これが東北ＯＭのはじまりである（東北ＯＭの発足については、第2章にて詳しく記載）。

東北ＯＭの活動は２０１９年で10周年を迎えた。これまで仙台市や山形市、北秋田市や大槌町など、東北各地で30回を超える勉強会を開催するとともに、東日本大震災のときには、ボランティアバスの運行やスタディーツアーの企画など、被災地支援の活動などにも精力的に取り組んできた。その結果、今では自治体職員だけでなく、民間分野で活躍している人たちや学生などもメンバーに加わり、会員数は１０００人規模にまで達している。

この東北ＯＭの活動を通して、私はさまざまな経験を積むことができた。そのなかには、赤字になれば自腹といった仕事では経験できないリスクを抱えた事業（勉強会）などが多く、そうした経験を通して、私は普段の生活では得られない知識やスキルを習得することができたのである。また、こうした活動を通して、たくさんの志高き仲間と出会い、また絆を強めることができた。現在、そのつながりは東北6県を超え、北海道や四国、九州、遠くは沖縄にまで及んでいる。そして、それらのつながりを仕事や家庭、あるいは、プライベートの活動に活かすことにより、自らの可能性を広げることができ、それが人生の豊かさにつながっている。

東北OMをはじめとしたさまざまな活動を展開していくうちに、いつからか**「つながりの大切さ」**や**「つながりを活かすことで自らの可能性が広がること」**など、ネットワークを持つことの有益性を、私は多くの公務員、特に若い自治体職員に伝えたいと考えるようになった。その矢先に、月刊ガバナンス編集部から有難いお話をいただくことになる。それが本書のベースとなる「『後藤式』知域に飛び出す公務員ライフ」の連載執筆だった。正に、私にとっては渡りに船の出来事だったのである。

この連載コラムを引き受けるにあたり一番悩んだこと。それは連載コラムのネーミングだった。「この連載コラムをきっかけに、一人でも多くの自治体職員が役所の外に飛び出してほしい」そう考えていた私は、その想いをタイトルに込めたいと考えていた。そのようななかで頭に浮かんできた言葉が〝知域〟という言葉だった。「ちいき」といえば「地域」を想像するが、あえて〝知域〟としている点が私のこだわりである。

・まずは身近な〝知域〟から

既成概念に捉われず地域の実状に合った政策を考え実行することが求められる地方創生のなかで、「公務員も地域に飛び出すべき」という考え方が社会全般に広がり、「地域に飛び出す公務員」という言葉が生み出されたと私自身は考えている。

しかし、いきなり「地域に飛び出せ」と言われて、すぐに飛び出せる人はどれくらいいるだろうか。特に、職場の窓口以外で市民と接したことが少ない若手職員にとっては容易なことではないだろう。そう考える一番の理由。それは私自身が若手職員の頃にそう感じていたからに他ならない。今でこそ、酒造りや映画の上映会などで地域の方々と一緒に活動している私だが、最初から進んで地域に飛び出したわけではなかった。東北ＯＭなど、自治体職員中心の活動からスタートし、その活動を通して、徐々に地域に飛び出すようになったのである。

こうした状況を踏まえて、私は「地域」ではなく、まずは身近な「知域」から飛び出すことをすすめている。つまり、知域とは自治体職員が仕事以外のフィールドに飛び出しやすくするために創った造語なのである。それでは知域とはどのような場なのだろうか。実は「知域」には確たる定義はない。文字どおり**「知」に関わる場であれば何でも良く、その判断は一人ひとりに委ねられている。**自主勉強会のような「知」識を学ぶ場、交流会のような仲間と「知」り合える場、地域のイベントといった住民の想いを「知」る場など、いろいろな知域が想定されるが、**そうした「知」に関わる場を自ら発見し、そのなかから自分の参加しやすい知域にまずはダイブすること**を私はすすめている。その勇気ある1歩がきっかけとなり、知域活動の輪が徐々に広がっていけば、最終的には地域に飛び出すことにつながっていく。そうした意味では、ネットワーク活動のきっかけが「知域」にあると考え、本書のはじまりに、この言葉を紹介したというわけである。

あなたにとって「公務員の魅力」とは何か？

「福祉、教育、産業など、いろいろな分野の仕事に関わることができる」「仕事を通して住民の生活向上に貢献できる」など、その答えはきっと一人ひとり違っているのではないだろうか。それも当然のこと。なぜならば公務員の仕事はそれだけ魅力的なものだからである。そのような魅力あふれる公務員という職業に対し、私が最も感じている魅力とは何か。それは**「民官双方で公に資する人財になれる」**ということだ。なぜ、そのように私が感じるようになったのか。「公」に対する考え方などを踏まえながら、深掘りしていくことにする。

・公＝民＋官

2011年、私は公益財団法人東京財団（以下、「東京財団」）が主催する「東京財団週末学校（以下、「週末学校」）」という研修プログラムに参加した。私が週末学校に参加した一番の理由。それは全米一住みたい街といわれているオレゴン州ポートランドでの現地視察がプログラムのなかに含まれていたからである。「ポートランドに行ける」そのようなよこしまな動機で参加した研修だったが、ゲスト講師へのお礼状やレポート、必読書など、毎回、たくさんの課題が出され、悪戦苦闘の連続だった。当然、ポートランドでの研修プログラムも観光気分を味わえることなどほとんどなく、日中は講義やワークショップ、夜は住民説明会の現場視察など、休む間もなく過ぎ去った1週間だったのである。

　このプログラムでは自分たちの地域が抱える課題とその課題が起きる原因を探り、その課題を克服するための解決策を政策提言としてまとめなければならなかった。そのプロセスのなかで、地域づくりの実践者たちの講話や地元学調査、あるいはアメリカのポートランド視察など、「公」について深く考える機会が与えられたのである。こうした経験のなかで私が最も印象に残っているものが、「公（Ｐｕｂｌｉｃ）」を庭に喩えたポートランド市職員（当時）のダンさんからの話だった。

　ダンさんはポートランドでの研修の締めくくりにあたり、私たち受講生にこのように語りかけた。「公（Ｐｕｂｌｉｃ）を庭に喩えると、庭の主役である木や草花は住民と喩えることができる。つまり、公（Ｐｕｂｌｉｃ）の主役は行政でも議会でもなく、あくまでも住民である。庭の主役である動植物たちが生き生きと生息してこそ良き庭といえる。自治体職員はこの公（Ｐｕｂｌｉｃ）という庭で、木や草花に喩えられる住民たちが生き生きと活動できるように環境を整える庭師でなければならない」

　実は、この話にはオチがある。この一連の話が終わったあとで、ダンさんは私たち一人ひとりに庭師用の手袋をプレゼントしてくれた。その手袋には「立派な庭師になれよ」というダンさんの想いが込められていた。最後はアメリカンジョークでユーモアを交えながら想いを伝える。実にアメリカ人らしいエピソードである。

この話を聞いて、**私はそれまで潜在的に感じていた「公=官」という意識をようやく払拭することができ、「公=民+官」を強く意識するようになった。**「公=民+官」と考えた場合、私たち公務員は当然のことながら官の立場として仕事で公に資する人財になることが求められる。そのため、自らが担当する業務の効率化やサービスの質的向上、あるいは、市民や民間事業者がまちづくりに向けた活動を実践しやすくするための制度や仕組みの検討などに、恒常的に取り組まなければならない。それは、収入を税金で得ている身としては当然のことである。その一方で公務員は休日などプライベートの時間を使うことにより、民の立場でも公に資する人財になることができる。例えば、災害が起きた際に、ボランティア休暇を取得し被災地での災害復旧活動に参加することや、休日を利用し地元のさまざまな地域活動に参加すること、あるいは地元の学校でスポーツ少年団のコーチを務めることなどが挙げられるだろう。

このように**公務員はプライベートの時間を活用することにより、民官双方の立場で公に資する人財になることができる。**両者の立場で公に資する人財になることができるのは、きっと官の立場で仕事ができる公務員特有の特徴だといえるのではないだろうか。そのことに気付いた時から、これこそが公務員にとっての最大の魅力だと私は強く感じるようになった。それ以降、私はしっかりと仕事に取り組みながら、プライベートの時間を利用して可能な限り、民の立場でも公に資する人財になれるように心掛け、かつ、そこで得たものを仕事に還元できるように努めている。

マニフェスト大賞

みなさんは、この表彰制度をご存じだろうか。２０１５年に開催されたマニフェスト大賞の10回目となる記念大会で、東北ＯＭがグランプリ（市民の部）と最優秀復興支援・防災対策賞を受賞した。私は発起人として表彰式（２０１５年11月６日開催）に参加したが、その際、審査員の方々による講評や他の受賞者との会話などからさまざまな気づきを得ることができた。そのなかの一つに「これから求められる自治体職員の役割」があったのである。

マニフェスト大賞とは、早稲田大学マニフェスト研究所所長（当時）の北川正恭さん（前三重県知事）らの提唱で２００６年に始まった日本最大規模の政策コンテストで、地方自治体の首長や議員、地域を支える市民の活動実績を募集し表彰を行っている。その目的は、地方創生を推進する方々に栄誉を与え、さらなる意欲向上を期するとともに、優れた取り組みが広く知られ互いに競うようにまちづくりを進める「善政競争」の輪を拡げることにある。こうした考え方に共感するとともに、「東北ＯＭこそマニフェスト大賞に応募すべき」といったさまざまな声などもあり思い切ってエントリーすることにした。

・仲間たちにエールを送りたい

私たちが応募した第10回大会では、マニフェスト賞やコミュニケーション・ネット選挙戦略賞、シチズンシップ推進賞など、さまざまな賞（分野）に分かれていた。こうした数ある賞のなかから私たちは復興支援・防災対策賞にエントリーすることにした。その理由は、東日本大震災以降、東北ＯＭはさまざまなつながりを活かし、被災地とそれ以外の地域とをつなぐ場づくりに取り組んでおり、そのことが東北ＯＭとして最大の社会貢献だと感じていたからである。また、当時は徐々に震災の記憶が薄れはじめてきた時期であり、こうした状況が影響してか、被災地で頑張る仲間たちのモチベーションも少しずつ落ちてきていると感じていた。そのため、東北ＯＭが復興支援関連の賞を受賞することで、仲間たちにエールを送りたいという気持ちもあったのである。

そのような想いが審査員に届いたからだろうか。陸前高田市やいわき市など、被災地で継続的に実施してきた勉強会や釜石市で開催したチャットモンチー・チャリティーライブ、震災直後に実施したボランティアバスの運行や南三陸町でのスタディーツアーの企画運営など、独自に行ってきた被災地支援の活動が評価され、東北ＯＭは最優秀復興支援・防災対策賞を受賞することができた。それだけでも名誉なことなのだが、さらに各最優秀賞のなかから選考されるグランプリ（市民の部）も併せて受賞することができたのである。

・官民の垣根を越える

グランプリ受賞に際し、喜びのスピーチを求められ、私は以下のように話した。「今回受賞した理由は、自治体職員が中心となって民と官の垣根を越えたネットワークを創り、その多様な〝つながり〟を活かしながら、復興支援や地域づくりなど、多彩な活動に取り組んだことを評価していただいたからだと感じている。現在、東北以外にも九州や四国、上州などで同じようなネットワークがさまざまな活動に取り組んでおり、また、首都圏でも多摩地域において自治体職員を中心とする新たなネットワークが産声を上げようとしている。これらのネットワークと切磋琢磨しながらボトムアップで地方を元気にしていきたい。そして、それらの活動が認められ、いつかマニフェスト大賞のグランプリに首長、議会、市民のほかに自治体職員の部ができるように仲間と共に頑張っていきたい」

このスピーチのとおり、東北ＯＭがマニフェスト大賞でグランプリを受賞することができた要因は**「自治体職員」「民官連携」「オフサイト」という３つのキーワード**で説明することができる。つまり「自治体職員」が中心となり、「民と官」の垣根を越えたネットワークを形成し、仕事以外の「オフサイト」活動として公に資するさまざまな活動に取り組んだことによる斬新性が評価されたということである。しかし、厳しい見方をすれば、こうした活動にこれまで自治体職員が取り組んでこなかった、あるいは取り組んでいても多くの人から認識されてこなかったことに起因する斬新性でもある。実際、それまでの自治体職員の活動をふり返ると、この3つのキーワードがすべて含まれている活動は少なかったように感じる。例えば、地域貢献に資するような勉強会を開催したとしても、それは自治体職員限定のようなものが多く、官民の垣根を越えて共に学ぶ場はあまりなかった。また、一人のスーパー公務員が中心となり、民間の人たちを巻き込みながら地域づくりを実践しているケースはあったとしても、自治体職員がネットワークやグループを組織化し民間の人と連携しながら地域貢献活動を実践するようなケースもあまり見られなかった。そのため、私自身は表彰式に参加しながら「自治体職員、もっと頑張れ!!」という激励の受賞だと感じていたのである。

・「つながりの場」と「つなぎ役」

その後、「IIHOE〔人と組織と地球のための国際研究所〕」で代表を務める川北秀人さんから「これからの人口減少社会のなかでは、『1対1の業務・責任分担』（協働）から『多様な主体による協働』（総働）へと変化していかなければならない」との話をお聞きした。こうした総働が求められる時代のなかで**重要な役割を果たすのは「つながりの場」と「つなぎ役」だと私は感じている。**その点では、人と人、組織と組織、地域と地域など、さまざまなものがつながる場として東北OMのようなネットワークが大きな役割を果たすのではないだろうか。また、東北OMの活動を通して、メンバー同士がつながり、それが組織同士、あるいは地域間のつながりへと発展しているケースもある。こうした状況を考えると、ネットワークは「つなぎ役」を生み出す人材育成の場としての役割も有している。

一方で、人に着目してみると、ネットワークのような「つながりの場」を組織化できる人材（オーガナイザー）と、人や組織、地域や政策をつなげ新たな価値を生み出す「つなぎ役」（コーディネーター）の存在が重要になってくる。オーガナイザーとコーディネーターについては、「公務員に求められる４つの人材像」として後段で詳しく話をするが、この**総働を生み出す２つの人材に最も適しているのが、自治体職員をはじめとする公務員だと私自身は感じている。**そう感じる一番の理由。それは公務員の持つ信頼性である。実際、東北ＯＭの活動をはじめて10年になるが、自治体職員が中心になって活動している安心感があるからこそ、民間企業やＮＰＯ関係者、学生など、多様なセクターの方々が集まる場を創ることができた。また、人や組織をつなげる際も、公務員という肩書があるほうが信用性は高い。

このように、今後、自治体職員に求められるものとして、多様な主体を結びつけるオーガナイザーやコーディネーターとしての役割がより一層大きくなると私自身は感じている。そうした役割を自治体職員が十分果たし、ボトムアップにより地方が元気になった時にはじめて、マニフェスト大賞にグランプリ（自治体職員の部）が誕生するのではないだろうか。この賞の創設と、創設後の受賞を目標に、私は自治体職員間の善政競争を進めていきたいと考えている。

「柏倉門傳」という日本酒との出会い

私が地元・山形で精力的に関わっている西山形の酒を造る会（以下、「酒を造る会」）。柏倉門傳《かしわくらもんでん》は、この会に参加している者だけが手に入れられる会員限定の日本酒である。会員限定であるため、市場に出回ることはほとんどない。すぐに手に入れることができない幻の逸品である。全国各地にはたくさんの銘柄があり美味しいと評判になっている日本酒も数多く存在しているが、私にとって最も美味しいお酒がこの柏倉門傳なのである。

この「酒を造る会」の活動に参加したことで大好きな柏倉門傳と出会うことができたわけだが、得たものはそれだけではない。

この活動を通して西山形地区の方々との親交が深まり、そのつながりを通して、たくさんのことを学び、数多くの気づきを得ることができた。併せて**自治体職員が地域とつながる意義についても深く理解することができた**のである。

・自分たちの酒を造る

ここで簡単に「酒を造る会」の活動について紹介する。この会は「地元の米と水で自分たちの美味い酒を造っべ」という熱い想いを持った地域の有志がはじめた活動で２００５年にスタートを切った。山形市の西部に位置する西山形地区は、白鷹山の麓に位置する約６２０戸２０００人が暮らす集落で、昭和の大合併で山形市となるまでは柏倉門伝村という行政区になっていた。昔から水が豊富に湧き出る農業が盛んな地域だったこともあり、地元でとれた山形県産米「出羽燦々」と白鷹山系の湧水を使ったお酒を造ろうということになり「酒を造る会」が発足。山形市内にある男山酒造に酒の醸造を依頼したところから活動が始まる。

酒蔵にとって水は酒の味を左右する生命線。そのため、日ごろ使用しているものと異なる水を使うことは滅多にない。しかし、同地区産の酒米を数多く使用していることや同地区出身の人が杜氏として働いていたことなど、昔から同地区との関わりが深かったことから快諾した。このような経緯で生まれた酒が「柏倉門傳」である。

実は柏倉門傳というネーミングにも意味がある。商品名を決めるにあたり、公募を行ったところ、「柏倉門傳」という応募があった。前述したように、西山形地区は昭和の大合併で山形市になるまでは柏倉門伝村だった。しかし、地区名が西山形となってからは、柏倉門伝という名前を使うことは徐々に少なくなっていた。このような状況のなかで、昔から慣れ親しんだ地域の名前を地域住民の記憶に残すこと、そして、地元のお酒という意識づけ、イメージづくりを行おうという考えのもと、商品名が柏倉門傳に決まったということである。なお、柏倉門傳という応募は２件あったそうだが、そのうちの一人は西山形地区在住の山形市職員だった。そのことが同じ市職員として誇らしいと感じている。

一方で「酒を造る会」では、「西山形の酒ができた」という触れ込みで、地区内外に幅広く会員を募った。会費は１口１万円。その会費を支払うと対価として柏倉門傳（四合瓶・８本）が提供される。こうした仕組みづくりを行うとともに、売り上げを会の運営と地域振興に活かすことで、持続可能な地域活性化事例として多方面から評価を受けることになった。なお、当初３１４口ではじまった活動は、今では１０００口超へと拡大している。

・公務員は地域に飛び出しやすい

「酒を造る会」と私との出会い。それは２００９年に遡る。当時、私は山形市役所の後輩たちと東北ＯＭ第１回勉強会を山形市で開催するための準備に取り組んでいた。この勉強会で講師を務めた方が地域活性化の伝道師として有名な木村俊昭さん（現・東京農業大学教授）。大変多忙な状況にも関わらず、私たちの依頼を快諾していただいた。その際、木村さんから「せっかく山形市を訪問するので、山形市周辺で６次産業に取り組んでいる事例を視察させてほしい」とのリクエストがあった。そこで、同じ山形市役所で商工課に所属していた高橋昌史さんと協力しながら多方面にわたりリサーチし、さまざまな取り組みのなかからセレクトした事例が「酒を造る会」の活動だったのである。

前述したとおり、視察受け入れのお願いをするために、私たちは休日を利用して「酒を造る会」の清石孝男会長宅を訪問した。その際、清石会長から掛けられた言葉を私は一生忘れないだろう。それは**「休みの日にまでまちづくりのことを考えている役所の職員が地元にいるとは思わなかった。そのことが何より嬉しい。だから、私たちにできることがあれば最大限の協力はさせてもらう」**というものだ。もし私たちが民間企業の社員だったら、これほどまでに歓迎されていただろうか。もしかしたら「営業？」と思われ、疑念を抱かれていたかもしれない。しかし、役所の職員というだけで、快く受け入れてもらい、さらに協力までしてもらえる。この会長の言葉を聞き、私はつくづく自治体職員になってよかったと感じた。そして、公務員こそ、地域に飛び出しやすい職業であることが実感できたのである。

住民こそ、まちづくりの主役

ポートランドで感じたこの想いを、私は「酒を造る会」のみなさんと交流していくなかで、地元・山形でも感じることができた。住民が地域（まち）づくりに主体的に取り組み大きな成果を挙げている。そのような活動が山形市内に存在していることが何より嬉しく誇りに感じるようになった。だからこそ、この地区で私はＰＵＢＬＩＣ（公）という「庭」の環境を整える庭師になろうと決意することができたのである。

・昔ながらの農作業体験

「酒を造る会」の活動は5月の田植えに始まる。裸足で泥田に入り、苗を1本1本手で植える。その苗はやがて成長し収穫の時期を迎える。9月の稲刈りでは鎌を持ち1本1本手刈りする。その稲を束ね、昔ながらのやり方で乾燥させる。このように「酒を造る会」では会員に昔ながらの農作業体験を経験できる機会を創っている。田植えも稲刈りも私は毎回子どもと一緒に参加しているが、機械化が進むなかで、こうした体験を子どもに経験させてあげられることが何よりありがたい。それは酒米の生育を通して日ごろ食べているお米がさまざまなプロセスを経て収穫され、農家のみなさんの苦労の果てに食卓に上がっていることを子どもたちに伝えることができるからだ。**こうした命をいただく意味を学ぶような普段の生活では経験できない貴重な機会を得られるのも地域とつながることのメリットだと私は感じている。**

稲刈りのあと収穫された酒米は地元の湧水と共に、山形市内にある男山酒造に持ち込まれる。そして、酒を造る会の人たちの「美味しくなれ‼」という想いをのせてじっくり醸される。お酒というものは実に不思議なものだ。同じ種類の米と同じ場所から湧き出る水を使い、同じ酒蔵で醸していても、毎年、微妙に味が変わる。それは米の品質や湿度の違いにより引き起こされるのだが、こうした違いがあるからこそ、その年できた新酒を初めて口にする新酒発表会は大いに盛り上がる。「今年の酒は去年よりすっきり淡麗だ」「今年の味はいつもより甘くないか」など、一人ひとりが各々の感想を語り合いながら新酒を楽しむ場となっている。

・住民の生の声を聴く

この新酒発表会や田植えなどの直会で、私は「酒を造る会」のみなさんと酒を酌み交わしながら、いろいろな話題で会話を楽しんでいる。例えば、開発許可の担当をしていたとき。私は市街化調整区域における建築規制の緩和を考えていたが、西山形地区が市街化調整区域内にあることから、規制が掛かっていることでの弊害や規制緩和の基準などについて地域の方々に尋ねさまざまな意見を聞くことができた。これにより、規制緩和を行うことの必要性や妥当性を自分なりに判断することができた。また、同地区にある小学校の建替を山形市が検討していた頃には、この話題について意見交換を行うことが多かったが、地域のなかにもいろいろな意見があり、必ずしも地域のニーズは一様ではないこともわかった。こうした経験を通して、私は市職員にも関わらず、それまで住民の声を聴いてこなかったと感じた。言い換えれば、**「酒を造る会」の活動に参加し、初めて住民の生の声を聴くことができたと感じたのである。**

「酒を造る会」の方々との交流を通して、私は2つのことに気づくことができた。第一に行政は住民の声を聴くことなく、政策を考え実行しているということだ。前述した小学校の建替のように、地域住民のみなさんが考えていることは決して一様ではない。むしろ年々多様化している。例えば、人口減少の影響により、生徒数が激減している地元の小学校に関して、「まちのシンボルである地元の学校がなくなってしまうと地域の人たちのモチベーションが落ちてしまい人口減少に拍車が掛かってしまう。そのような状況に陥らないためにも学校は残すべき」と考える人もいれば、「地元に学校を残すよりも、周辺の地区にある学校と統合し、子どもたちに良好な教育環境を整えるべき」と従来のスタイルでの建替を望まない人もいる。山形市が住民ニーズを踏まえ、最終的に建替を決定したように、こうした多様な意見を集約し地域の実状に合ったベターな方法を選択していくことが望ましいのだが、国の考えや根拠のない思い込み、前例踏襲などにより政策を決定しているケースがまだまだ多いように感じる。つまり、「酒を造る会」の活動を通して、**自治体が政策決定を行う際に住民との対話が不足していると感じたのである。**

そして、もう１つが住民の持つパワーの凄さだ。「自分たちの地域をよくしていこう」と思い自ら行動している住民は次から次へとアイデアが出てくる。そして、面白いことをどんどん仕掛けていく。しかも、そのプロセスのなかで、行政を当てにすることはほとんどない。資金面に関しても自主財源を確保し、行政からの補助金がなくても回していける仕組みを構築している。実際に「酒を造る会」でも、当初３１４口だった会員数が今では１０００口にまで拡大している。つまり３００万円程度の売上だったものが、今では１０００万円オーバーの売上をあげているということだ。こうした状況を目の当たりにし、私は**「住民こそまちづくりの主役である」**と心から感じることができた。そして、**われわれ行政はこうした住民を支え、より力を発揮できるような環境を整えることが大切だと心**から感じることができたのである。

「酒を造る会」の活動に関して、私には叶えたい夢がある。その夢とは柏倉門傳を国際線の機内酒に選定してもらうことだ。「酒を造る会」の清石孝男会長と初めて会ったときに「いつか酒を造る会の酒である柏倉門傳を国際線の機内酒にしたい」という想いを告げられた。そのとき以来、この会長の想いが私の夢になった。夢は見るものではなく叶えるもの。どうしたら夢が叶うか一生懸命考えた結果、まず必要なことは、より多くの人にこの酒の存在と美味しさを知ってもらうことだという結論に至った。そこで、私は積極的に柏倉門傳の販促活動に取り組むことにしたのである。

申込口数を増やすために、私が具体的に何をしたのか。それは会員募集のためのオリジナルサイトを開設し、１口単位での申込みだけではなく、１／４口や１／２口など、小分けでの申込みを可能としたのである。これにより1口1万円からの申込みだったものが、１／４口（４合瓶２本）を選択すると２５００円で申し込むことができるようになった。「お酒に1万円は出せない」「８本あっても飲みきれない」といった声に応えることで申込口数が伸びると考えたわけである。この取り組みがニーズに合致し、当初16口だったオリジナルサイトへの申込口数が、今では10倍超の１８０口となっている。「酒を造る会」への申込総数が１０００口余りであることを考えると、オリジナルサイトへの申込は実に1割を超えている。10年が経ち、営業トップの成績をおさめるまでになったということだ。しかも、申込者を都道府県別にみると２０２０年度は、全47都道府県から申込みがある。それだけ、全国各地に柏倉門傳の美味しさを伝えているということでもある。ただし、残念ながら機内酒にしたいとのオファーはまだ届いていない。清石会長の願いをいつか叶えるためにも、まちづくりの黒子である庭師としての役割をこれからもしっかりと果たし、柏倉門傳の普及に努めていきたいと考えている。そして、近い未来、会長と私の夢が叶うように全力を尽くしたい。

コーディネーター、アントレプレナー、エコノミスト、オーガナイザー

これらは大正大学地域創生学部（２０１６年当時）が「育成する人材イメージ」として掲げていた４つのキーワードである。２０１７年5月、大正大学の浦崎太郎教授から、この４つの人材像に関する１年生対象の講義をしてほしいとの依頼をいただいた。その際、講義内容を考えているうちに、これこそが自治体職員に求められる人材像にピッタリ合致するのではないかと考えるようになったのである。

まずこの４つの人材像について解説する。

コーディネーターとは、アイデアを取りまとめ推進する人である。地域社会の多様なセクターや専門家などをつなぎ、地域を取り巻く課題やニーズに対応する計画や連携・共同活動を創出する役割などを担っている。

アントレプレナーとは、地域資源を活用して新たな産業を興す人である。地域課題やニーズを適切に捉えながら地域の特徴ある資源（地域産業や観光資源等）を利活用して事業創出を行う役割などを担っている。

エコノミストとは、さまざまなデータや情報に基づき対応策を考えられる人である。地域経済の動

きや問題を調査・分析・予測し、経済活動に関する課題の抽出、改善案の提言・発信、施策推進の支援などを行う役割を担っている。

最後に、**オーガナイザー**とは、組織内、組織間を調整し、より良い環境を作る人である。地域社会のさまざまな人や組織・事業体をつないで効果的な組織を構築して管理運営する役割などを担っている。

・4つの人材像＝求められる公務員像

大正大学で行った講義では、私自身の仕事やプライベート活動に関する経験を通して、この4つの人材像とはいかなるものなのか、学生たちが具体的にイメージできるような内容で話をした。非常に難しいテーマだったこともあり、私はプレゼン資料をまとめていくなかで自分自身の活動を振り返るとともに、これらの人材像一つひとつについてじっくり考えてみた。その結果、この4つの人材像とは、正に今の公務員、特に地域に根付いた私たち自治体職員に求められている人材像そのものなのではないかと考えるようになったのである。

地方創生が求められる時代のなかで、私たち自治体職員には地域資源を有効活用しながら、地域の実態や住民ニーズに合致した、これまでにない斬新な政策を考え実行することが求められている。つまり、国策のなかで自治体職員は必然的にアントレプレナーになることが求められているということである。しかし、新しい事業を実行していくためには、その必要性や妥当性を示さなければならない。それは、いくら斬新な政策であっても、成果が上がるという根拠が明確でなければ周りから共感を得ることはできないからである。そのため、自治体職員はエコノミストとして、さまざまな調査分析、あるいは先行研究などで明らかになったデータから地域が抱える課題を抽出し効果的な解決方法を導き出さなければならない。つまり、アントレプレナーとしての役割を果たすためには、同時にエコノミストとしてのスキルを磨かなければならないのである。

一方で、非成長時代の成熟社会においては、税収減、社会保障費増の厳しい財政状況のなかで、多様化し複雑化している社会課題や住民ニーズに応えていくことが自治体（職員）には求められている。こうした厳しい状況のなかで、今後、それぞれの地域社会が持続していくためには、川北秀人さんが「総働」の必要性を説いているように、多様なセクターが連携し、互いの強みを活かし弱みを補いながら公共サービスを実践していく必要がある。そのため、**人と人がつながる場（ネットワーク）や人やネットワーク同士を結びつける〝つなぎ役〟がより一層重要な役割を担うことになるだろう。**その点では、つながりの場を創るオーガナイザーと〝つなぎ役〟たるコーディネーターが地域創生のキーマンであることは間違いない。総働の一翼を担い多様なセクターと連携しながら地方創生を実現していくことが自治体の使命ならば、そこで働く職員には自ずとオーガナイザーやコーディネーターとしての役割が期待されているのではないだろうか。

・公務に４つの役割を活かす

それでは、この４つの役割を私はどのように実践してきたのだろうか。ここで簡単に紹介しよう。まず仕事面では、公共交通を担当していたときに、コミュニティバスの新設に伴うバス路線の大規模な改編を行った。この見直しは、それまで市中心部の顔として多くの市民に親しまれていた中心街１００円循環バス（運営主体：商工会議所）の廃止を伴うものだったことから、沿線の町内会だけでなく中心商店街などを巻き込んだ大規模な事業の見直しとなった。それだけ克服しなければならない多くの課題はあったが、その一つひとつを丁寧に解決していった結果、その利用者数は当初の目標値である年間利用者数42万７０００人を大幅に超える50万人に迫るものとなった。また、行革推進課時代には電子決裁システムの導入事務を担当したが、導入当初から電子決裁率は約99％と日本一の利用率を誇っている。このように私は公務の現場でアントレプレナーとしての役割を果たしてきた。また一方で、企画調整課にて改善活動を担当していたときは、全庁的な取り組みとして業務改善発表会を開催するなど、部局横断的な取り組みを推進した経験があり、また公共交通を担当していた時には、地域住民や交通事業者、福祉関係者など、さまざまなステークホルダー間をつなげる活動にも取り組んでいた。その点では、仕事を通して、役所内外の多様なセクターをつなぐコーディネーターとしての役割も果たしてきたといえる。なお、これからの自治体職員は「公共交通×福祉」など政策をつなぐことも意識しなければならない。そうした点では町内会や地域包括支援センターと連携して実施した「バスの乗り方教室」などは、コーディネーターとして政策をつないだ先駆的な取り組みだと自負している。

一方で、プライベートでは、新たな事業を進めるために必要な現状分析や将来予測を適切に行うためのスキルを磨くために、東北公益文科大学大学院に通い、自治体経営に関する研究を行った。また、英国の自治体視察団に参加し、ロンドン市やバーミンガム市など、英国国内で先駆的な取り組みを実践している自治体の取り組み状況を現地で学んだ。これらの経験を通して、エコノミストとしてのスキルアップを磨くことができたと感じている。新規事業の導入や事業の見直しを行う際には、その必要性や有効性を立証するためのエビデンスが求められるが、このときの経験が非常に活きている。また、自治体職員の学びとつながりの場を東北に創ろうと、仲間とともに東北ＯＭを設立した。たった3人の思いつきではじまった活動が今では1000人規模の活動にまで拡大。しかも、自治体職員という枠組みを飛び越え、今では民と官がつながる場ともなっている。また、こうしたつながりの場を山形県内にも創ろうと山形ＯＭも県内の仲間とともに立ち上げた。これらの活動を通して、オーガナイザーとしての役割も果たしてきた。

このように、私自身、仕事や東北ＯＭなどのプライベート活動を通して、この4つの人材になれるよう日々努めている。みなさんも、この4つの人材像を意識しながら大正大学の学生に負けないようさまざまな活動にチャレンジしてはどうだろうか。そのことが地域を元気にする第一歩になるに違いない。

これからの自治体には「愛される宇宙人」が必要だ

これは私が尊敬する大阪府吹田市の後藤圭二市長の言葉である。後藤市長といえば、お笑いコンビ・ジャルジャルの後藤淳平さんのお父さんとしても有名だが、この後藤市長との出会いにより、私は目指すべき自治体職員像を明確にすることができた。それでは、いったい「愛される宇宙人」とはいかなる人財なのか。この「愛される宇宙人」というキーワードを紐解きながら、これからの自治体に求められる人財像について考えてみたい。

・チャレンジと評価

後藤市長と私の出会い。それは2017年5月に遡る。ある日、インターネットを見ていると、偶然にも後藤市長が「職員向けネットメッセージ」のなかで、月刊ガバナンスの連載コラム「知域に飛び出す公務員ライフ」で私が執筆した「人事異動」に関する記事を紹介していることに気がついた。その内容が実に秀逸で、私の意図を十二分に汲み取ったうえに、市長ご自身の考え方で補足している素晴らしい内容だったのである。そこで、私は思わず後藤市長にフェイスブックを通して直接感謝の意を伝えてしまった。そうしたところ、面識がなく単なる一自治体職員に過ぎない私に対して、後藤市長からすぐに丁寧な返事が届いたのである。これをきっかけに後藤市長との交流がはじまることになった。

　これと同じ時期に、吹田市の職員有志による自主研修グループ「すいたいむ」のメンバーとの交流もはじまった。そして、このグループのムードメーカーでもある菅有紀さんとの出会いにより、そのつながりはより一層強固なものになっていったのである。２０１７年10月、私は初めて同市を訪れることになった。そして、「すいたいむ」メンバーの粋な計らいなどもあり、初めて後藤市長とお会いすることができたのである。

　当初、後藤市長との面談は30分ほどの予定だった。しかし、初めてお会いしたとは思えないほど話が弾み、１時間たっぷり言葉を交わすことができたのである。せっかくなので、そのとき聞いた後藤市長のお話をいくつかご紹介しよう。

〈協働とは……〉

　全てを住民に決めてもらおうとする風潮があるが、それが協働ではない。まちづくりに関して、最終的に責任を持つ行政がある程度の枠組みを決め、残りの部分を住民に決めてもらうことが協働だ。

〈職員に対する仕事の任せ方〉

公務員には無茶をしない自動制御機能がある。そんな公務員に対して『こうしろ、ああしろ』というと、本当につまらないものしかできない。だから、広報誌などについても自由にやらせている。それは言わなくても問題視されるものは作らないだろうという職員に対する信頼なんだ。

後藤市長との会話は大変多岐にわたるものだった。そして、どの話も心に響く内容でたくさんの気づきを得ることができた。そして、このような貴重な話の締めくくりとして出てきたものが冒頭で紹介した「愛される宇宙人」だったのである。後藤市長は「愛される宇宙人」についてこのように語っている。

「新しい発想で物事を考え実践できる。こんな宇宙人のような職員がこれからの自治体には必要だ。しかし、こういった職員は残念ながら周りから評価されていないケースが多い。これでは折角の良い提案であっても実現されることはない。そうならないためにも、愛される宇宙人でなければならない。周りから『あいつが言っているなら、しゃ～ないなぁ』と言われるような存在になることが大切だ」と私に話してくれた。つまり、**「愛される宇宙人」とは、既存の考え方に縛られず、新しい発想でチャレンジし続ける一方で、周りの人間からも愛され評価されている人財のことを指している。**実は、私も「評価されるマイノリティ」という言葉を用いて、これからの自治体で求められる人財像を表現していたことから、私は後藤市長の話がすっと心のなかに入り共感することができたのである。

・自治体も大きく変化する

今、社会は大きく変わろうとしている。人口減少社会が進展するなかで、終身雇用など、成長社会で当たり前だった常識がどんどん通用しなくなってきている。また、Ｓｏｃｉｅｔｙ５・０の時代が到来し、ＡＩやロボット、自動運転など、新たな技術もどんどん進化している。そのため、今、人間が担っている仕事の多くが将来ロボットなどに取って代わられるだろう。こうした状況に対応するため、学校教育も大きく変わろうとしている。学習指導要領が大幅に改訂され、これまでの知識詰込み型からアクティブラーニングに代表されるような自ら考える力を養う教育へと変わろうとしている。こうした大規模な社会変革のなかで、当然、自治体も大きく変わっていかなければならない。当然のことだが、それは自治体で働く自治体職員にも当てはまることである。

こうした社会に順応していくため、自治体職員も役所の外に飛び出し、さまざまな情報や人脈を得る必要がある。また、他自治体や異業種が有するスキルやノウハウなどを学ぶことも大切だ。そうしないと、元来、前例踏襲型の自治体においては、いつまで経っても成長社会の常識に捉われた政策しか思い浮かばないだろう。しかしながら、**自治体が前例踏襲型組織ゆえに、外で得た新しい考えを取り入れようとすれば、役所内の常識とは違う価値観を取り込む異分子扱いされる可能性が高い。**そして、正論で突破しようとすればするほど、軋轢を生むことになる。そうならないためにも、普段から愛される職員になることが大切なのだ。

・大胆さと謙虚さを

それでは、どうすれば愛される職員になるのだろうか。何でもニコニコして、うんうん頷いていれば、みんなから愛されるのだろうか。いや決してそうではない。そこには３つのポイントがあると私は感じている。第一に、日ごろから相手の意見をしっかり聞くことである。自分の意見を主張することは大切だ。しかし、同時に相手の考えを尊重することも忘れてはいけない。相手が自分と異なる意見だとしても、すぐに否定せず、まずは受け止めＹｅｓ　Ｂｕｔで対応することが人間関係を悪くしないコツである。第二に、汗をかくことである。何かを主張する場合には実現に向けて一番苦労する覚悟が必要だ。それは、口だけで行動しない人のことを誰も信用しないからである。面倒なことが自分にふってきたときでも、その要因をつくった人がそれ以上に苦労していると、その人を批判する気持ちは和らぐのではないだろうか。そして、第三に、今の仕事に誠実に取り組むことである。当たり前のことだが、新しいことを主張しているうちに、今の仕事を否定してしまい、無意識のうちに仕事を疎かにしてしまう場合がある。そうなってしまうと一気に周りからの信頼は薄らいでしまうだろう。

新しいことを主張すると周りから尖っているように見られてしまう。だからこそ、その尖っている印象を和らげる努力をすることが「愛される」ことへとつながっていくのではないだろうか。役所内で「あいつが言っているなら、しゃ～ないなぁ」と思ってもらえているか、そうでないかで、実現可能性は大きく違ってくる。大胆さと謙虚さを併せ持つ「愛される宇宙人」をみなさんも目指してはどうだろうか。

なぜ公務員は「安定」しているのか？

・公務員を志望する理由

公務員志望の学生に志望動機を尋ねると必ずと言っていいほど「安定しているから」という回答が返ってくる。しかし、そのように感じている学生の多くは、公務員が安定している理由を知らない。更に言えば、その安定を享受している現役公務員ですら、その理由を知らない人が多いのではないだろうか。

それではなぜ公務員は安定しているのか。まずはそこから考えてみたい。元来、公務員の安定は公務員の身分保障に依拠している。自治体職員をはじめとした公務員は法律上厳格に身分が保障されている。その理由は政権交代などによる政治的な影響を受けず、職務の公共性、行政の継続性や中立性を維持するためだ。例えば秘書や政策担当をしていた職員が、政権交代などにより前市長の「懐刀」とみなされ、不当な取扱いをされたならば、職員は安心して職務を全うすることができなくなる。こうした状況を回避するために、公務員は身分が保障されているのである。

公務員の安定については、公務員志望の学生と現役公務員との対話の場である「公務員と語る公務員を語る」（以下、「語る語る」）でもよく取り上げられる。「語る語る」とは、公務員志望の学生と「前向き公務員」がさまざまなテーマで対話し、学生に公務員の本質や魅力を伝え、現役公務員には改めて公務員になったときの初心を思い出し仕事へのモチベーションを高めてもらうことを目的に開催している。このような公務員の本質を語り合う場だからこそ、公務員の安定についても、その本質を追求する絶好の機会ともなる。実際に、２０１８年12月２日に大正大学（東京都）で開催された「語る語る」の全国版的取り組みにおいても、公務員の安定に関する核心を突くような対話が繰り広げられたのである。

　この話の前に、「語る語る」の全国版が開催されるに至った経緯について簡単に触れておきたい。２０１８年12月１日、全国各地でネットワーク活動に取り組む自治体職員が一堂に会し、「全国自治体職員ネットワークサミット」が盛大に開催された。２００９年に東北ＯＭが発足した前後からノンパ、九州ＯＭ、四国ＯＭ、上州ＯＭ、などなど、自治体職員を中心とするさまざまなネットワークが全国各地に生まれ、現在でも活動を継続している。しかし、どのネットワークも活動のマンネリ化や世代交代といった共通の課題を抱えており、これを解決するためにはネットワーク間における情報の共有化と課題解決の方策を探る場を創る必要があると考え、このようなイベントを開催するに至ったのである。そして、その話の流れで、「せっかく全国から面白い自治体職員が東京に集まるのならば、彼らと公務員志望の学生が集まる場を創ってはどうか」とのアイデアが出た。これを、地域創生学部があり、公務員志望の学生が数多く学んでいる大正大学と、公務員のキャリアデザインに向けた活動を実践している公務員キャリアデザインスタジオ（以下、「ＣＤＳ」）に話し協力を仰いだところすぐに快諾。「語る語る」全国版が開催されることになったのである。

・「安定」の本質

当日は主催者であるＣＤＳの島田正樹さん（さいたま市職員）がコーディネーターを務めた。彼の「場の創り方」がよく、各テーブルではさまざまなテーマで公務員に関する実りある対話が繰り広げられていた。この「語る語る」全国版に私も参加し、数多くの学生と話をすることができた。その学生との対話のなかで「なぜ、公務員になりたいの？」という私からの問いかけに、「正直に言うと安定しているからです」と返事が返って来た場面があった。以前ならば「昔と違い公務員に対する見方も厳しくなっている。だから思っている以上に安定はしていないよ」と切り返していたかもしれないが、このような否定的な表現ではなく、**もっと肯定的な表現で「安定」を伝える**ほうが共感してもらえるのではないかと考え、私は以下のように話した。

「確かに公務員は安定している。年功序列で給料は上がっていくし、極端なことを言えば、民間のように仕事で成果を上げなくてもリストラされることもない。法律を犯すなど、余程のことをしないかぎりクビにもならない。でも、そうしたマイナスのイメージで『安定』を捉えてほしくない。仕事で新しいことにチャレンジし、失敗してもクビにはならないことや、仕事でできないことをプライベートでやろうとした時に、課外活動に取り組みやすいといった視点で『安定』を考えてほしい」

余談だが、最近、私は**行政や公務員のイメージダウンになるような言葉などについて、その弊害ではなく、メリットを伝えるようにしている。**例えば「縦割り」。マイナス面で話をすると、国でいえば省庁間、自治体でいえば部署間における縄張り意識が強く、行政機関では横断的な取り組みを実践することが難しいと説明することになるだろう。しかし、プラス面で話をすると、縄張り意識が強いほうが、各部署における専門性が強まり、一つひとつの政策について質的向上を追求しやすいという利点もある。また、社会課題が複雑化しており、その課題解決に向けた方策を多方面から検討しなければならない状況を考えると、縦割りのほうがいろいろな側面からアプローチしやすいと説明することも可能だ。例えば公共交通の場合、高齢者に関する足（移動手段）の確保を進めようとしたときに、公共交通政策と福祉政策の両面から同時並行的に政策を考えることができる。このように課題として捉えられていることでも、違う角度からみると強みに捉えることも可能なのである。

公務員の「安定」についても同じことがいえるだろう。「仕事をしなくてもクビにならない」というよりも「市民のため、いろいろなことにチャレンジし、たとえ失敗してもクビにならない」と解釈すれば、対外的なイメージはよくなる。また、そのことは「チャレンジしていいんだ」という意識を高め、公務員自身の働き方にも良い影響を与えるだろう。つまり、「安定」をプラスの意味で発信していくことにより、公務員や公務員志望の学生に対するモチベーションアップにもつながるということである。

最後に、公務員の安定について、その本質を伝えるうえで役に立つ話を紹介する。それは「語る語る」全国版で私以上に「公務員の安定」について、学生に熱く語っていた大阪府貝塚市職員・八野裕嗣さんによる学生へのメッセージである。「公務員は身分の保障があり、法を犯しでもせん限り、辞めさせられることはない。けどな、公務員の身分保障は仕事せんでも辞めんでええ権利ちゃうねん。街のためにリスクを取ってでも挑戦する。それを応援するためにあんねん。せやから、みんないっぱい挑戦してな！失敗したら一緒に謝ったる（笑）」

第1章

ネットワーク活動で、自治体の輪を広げる

ネットワーク活動に取り組むメリットは何？

私がよく受ける質問の一つである。講演会などで、私は「忙しい仕事の傍ら休日の時間を利用してネットワーク活動に取り組んでいる」との話をするが、このような話を聞くと「なんで、そこまでするの？」という疑問がわき、このような質問につながるのだろう。これに対して、私は岩手県陸前高田市の戸羽太市長と新潟市職員の渡邉秀太さんから学んだネットワーク活動に取り組むメリットについての話をしている。

・ネットワーク活動の意義

２０１３年５月、東日本大震災で甚大な被害を受けた陸前高田市で東北ＯＭ勉強会を開催した。東北ＯＭと陸前高田市との交流は震災後にはじまったが、それは内閣府から同市に出向し副市長（当時）を務めた久保田崇さんとのつながりから生まれたものだった。２０１１年７月、久保田さんが同市に出向することが決まった際に、東北でさまざまな活動に取り組んでいる東北ＯＭとつながることが震災復興に向けた仕事に役立つのではないかと考え、私に連絡をくださった。ここから陸前高田市と東北ＯＭとの交流がはじまることになる。そして、このご縁から２０１２年5月に陸前高田市と久保田さんが参加していたプロジェクトＫ（新しい霞ヶ関を創る若手の会）、そして、東北ＯＭとの３者で共同開催により陸前高田市で復興を考えるシンポジウムを開催した。その時、私は震災後はじめて陸前高田市の様子を目の当たりにしたが、正直、言葉が出てこなかった。それは、震災前に何度か訪れた陸前高田市の街並みとはまったく異なる風景が広がっていたからである。この事実を多くの人に現地で見てほしい。そう考え実施したのが東北ＯＭ陸前高田勉強会だった。

この勉強会のメインイベントは同市の戸羽市長による基調講演だった。これもまた久保田さんとのご縁により実現したものである。戸羽市長の講演はとても心に響く内容で、私たちにたくさんの気づきを与えてくれた。そのなかで私が最も印象に残っているもの。それはフロアからの質疑に戸羽市長が答えたもので、私たちにネットワーク活動の意義を語りかけるものだった。

ある参加者が「真の復興にとって何が大切か」と戸羽市長に質問し、これに対して戸羽市長は次のように答えた。

「真の復興にとって大切なことはまさにみなさんたちの活動そのものだ。自分にない能力を持つためにはたくさんの時間とお金が掛かる。しかし、その能力を持った友達と行動を共にすることで、その能力を持ったことと同じ状況になる。これは被災地においても同じことだ。震災で陸前高田市は何もなくなってしまった。だから陸前高田市の力だけで復興しようと思ってもそれは不可能なことである。ありがたいことに、今、多くの自治体、地域、個人が陸前高田市に手を差し伸べてくれている。陸前高田市の持っていないものを持っている他自治体や他地域の方々と連携することにより復興は可能になる。その点で、東北ＯＭのような仲間とつながることができる場が真の復興にとって大切なことだ。そして、それはあなたたち一人ひとりにとっても同じことがいえる。自分にない能力を持った仲間とつながることであなたたちの可能性は広がっていく」

この話を聞きながら、私の頭に〝ある言葉〟が浮かんできた。それが「つながりが広がれば広がるほど、可能性が広がる」というものだった。そして、この言葉こそが、ネットワーク活動の意義や有益性を端的に表すキーワードだと感じたのである。

・つながり＝可能性

人であれ、組織であれ、個の力には限界がある。そのため、大切なのは**「強みを活かし、弱みを補い合うこと」**ではないだろうか。

ネットワーク活動に参加し、外の世界を知ることは、自分自身や自分たちの組織の現状を振り返る機会となり、自らの優れている点や劣っている点に気づくことにつながる。一方で、ネットワーク活動は多くの人財とつながる場でもあり、参加することで、自分の弱みを補ってくれる数多くの仲間と知り合うことができる。この２つのポイントこそが、ネットワーク活動に参加する意義であり、有益性だと、戸羽市長のお話から感じることができたのである。

私自身、ネットワーク活動を始めて10年余りになるが、自分自身の能力が著しく向上したとは決して思っていない。しかし、自分自身の可能性はすごく広がったと感じている。例えば、国・県・市町村、そして、民間など、さまざまな分野に仲間ができ、彼らから数多くの情報を入手することができるようになった。その点では10年前に比べて情報収集力は格段に高まった。また、復興祈念ライブの開催や被災地を応援するためのムービー製作など、ネットワーク活動を始める前ならば決して実践できなかった活動にも仲間と連携することで主体的に関わることができるようになった。これらができた理由は自らの強みを知るとともに、自分が持っていない能力を持った、つまり、私の弱みを補ってくれる数多くの仲間と出会い活動を共にしてきたからである。

「つながりが広がれば広がるほど可能性が広がる」という意味をさらに具体化してくれた人。それが新潟市職員の渡邉秀太さんだった。渡邉さんは、新潟市の自主研究グループ支援制度を上手に活用し、「新潟せいさく所」と「にいがた市士の陣」という2つの会を立ち上げ、後輩たちを巻き込みながらさまざまな活動に精力的に取り組んでいる。その活動ぶりに感銘を受け、月刊ガバナンスの連載コラム「つながる力」での執筆を依頼した。この寄稿文のなかで彼があらわした「つながること」のメリットが実に言い得て妙だったのである。

渡邉さん曰く「ネットワーク活動のメリットは3つのションであらわすことができる」。その3つとは「インフォメーション」「モチベーション」「コラボレーション」、つまり「情報」「やる気」「連携」というものだった。つながることにより、たくさんの情報を入手することができる。ネットで入手できる情報は誰にでも手に入るものだが、人伝に入る情報はネットワークを持っていないと手には入らない。情報化社会だからこそ、こうした人伝で得られる情報を入手できる力が求められている。また、何かに打ち込んでいる人の悩みや抱えている課題は共通していることが多い。そうした共通する難題に立ち向かっている仲間の頑張りを知ることでやる気が高まる。そして、仲間が増えれば、それだけ連携して取り組める可能性も高くなる。この渡邉さんから教わった3つのションにより、「つながりが広がれば広がるほど可能性が広がる」という意味をより具体化して説明できるようになったのである。なお、3つの「ション」については、第3章の「コラム」においてさらに詳しく記述している。

ぜひ、みなさんも身近な「知域」に飛び出し、ネットワークの輪を広げてほしい。そうすることで「つながりが広がれば、可能性が広がる」という言葉の意味をきっと実感できるはずだ。

企業同士は競争関係、自治体同士は共鳴関係

　これは関西学院大学大学院経営戦略研究科の石原俊彦教授の言葉である。同じ市場のなかで利益を追求し合う民間企業の場合、それぞれが有する技術やノウハウは利益に直結する。そのため、基本的には、これらの情報を他社に提供することはない。企業秘密という言葉がある理由はここにある。これに対して、自治体同士は、社会全体の公益性向上に向け互いの長所を教え合い、真似し合うことができる関係にある。こうした観点から、石原教授は民間企業における競争関係に対し、自治体間の関係を共鳴という言葉であらわしたのである。**同じ「きょうそう」という言葉を使えば、企業は競争関係、自治体は共創関係**ともいえるだろう。

・自治体職員同士がつながる

　この共鳴の象徴ともいうべき取り組み。それが全国都市改善改革実践事例発表会（以下、「全国大会」）だ。２００６年度に山形市で始まった全国大会も、２０１９年度で14回を数えるまでになっている。第1回の山形大会では9団体しかなかった発表自治体も、今では30以上の自治体が参加する規

模となっており、正に全国大会の名にふさわしい、全国各地の自治体が改善について相互に学び合うための場となっている、第1回大会で事務局を務めて以降、私はすべての会に参加し、時に応援スタッフの一員になるなど、これまで深く関わってきた。そして、この大会を通して、自治体（職員）同士がつながることの有益性を肌で感じてきたのである。

　ここで自治体業務改善の歴史について簡単に振り返ってみたい。自治体における業務改善運動は２０００年度に福岡市で産声を上げた。この取り組みがＤＮＡ運動であり、「Ｄ：「できる」からはじめよう、Ｎ：納得できる仕事にしよう、Ａ：遊び心を忘れずに」をキャッチフレーズに、職場レベルでの自主的な取り組みを前提としたボトムアップ型の業務改善運動である。この運動は決して強制的なものではなく、各職場での自主的な取り組みだったにも関わらず、実に9割以上の課・施設が取り組んでいた。これに対し福岡市は優れた実践事例を発掘し、共有し、褒め称えようということで、さらにこの活動が活性化すると考え、さまざまな成功事例を集め、ベスト・プラクティスを全庁的に共有化するための発表会を開催することにした。この発表会が「ＤＮＡどんたく」だった。この発表会では、改善事例の発表を行うだけではなく、改善に取り組み成果を挙げた職員たちへの表彰も行われた。これにに対し「行政が改善を行うことは当たり前。それを面白おかしく発表し表彰まで行うというのはいかがなものか」といった批判的な意見もあったという。しかし、ＤＮＡどんたくが7年間に渡り継続的に開催されたこと、そして、同様の趣旨の発表会が、その後、多くの自治体に引き継がれていったことなどを考えれば、このＤＮＡ運動が庁内外に与えたインパクトは非常に大きいものがあったことは間違いない。

・ノウハウの共有

福岡市が「ＤＮＡどんたく」を開催して以降、業務改善運動や業務改善発表会といった自治体の改善活動に関する動きは急速な勢いで全国に広がっていった。２００３年度には兵庫県尼崎市が「ＹＡＡるぞカップ」を、そして、２００４年度には横浜市が「ハマリバ収穫祭」、静岡県富士市が「ＣｈａＣｈａＣｈａグランプリ」を開催している。そして、その後も、更なる広がりを見せている。このような動きのなかで、各都市で取り組まれている優秀な改善事例を全国的な規模で共有化していこうとする発想が生まれ、その結果、２００６年度に、第1回となる全国大会が山形市で開催されることになったのである。

第1回目の開催地・山形市では、２００５年度より「はながさ☆ぐらんぷり」というネーミングで発表会を行っていた。その活動をはじめるきっかけは２００４年度に横浜市で開催された「ハマリバ収穫祭」である。有志職員10名がこの発表会を視察。その時感じた「山形市でも同じような発表会を開催したい」という想いを視察報告会で企画調整部長に伝えたところ、「やってみろ」ということになった。翌２００５年度に開催された第1回「はながさ☆ぐらんぷり」では、山形市のほか、横浜市や富士市、福岡市など、他自治体で取り組まれた優秀改善事例の発表も行われた。そこには一つのねらいがあった。それは、本来業務改善発表会とは組織内で取り組まれたさまざまな改善情報を全庁的に共有化することで、仕事の質や職員意識の向上を図ることを目的としているが、これに加えて、**他の自治体で取り組まれた改善事例の発表を行うことで、同じ業務を実施している他自治体の類似した部署の取り組みについても併せて学ぶことができ、さらなる成果を生み出すことができる**と考えたのである。このねらいが見事にはまり、第1回目となる「はながさ☆ぐらんぷり」は大盛況のうちに幕を閉じたが、この他自治体を招いたことが、のちに全国大会開催へとつながっていくことになった。

　自治体業務改善の輪が全国に広がりはじめていた２００６年度、尼崎市と福岡市との間で、全国大会開催の話が持ち上がる。そして、その第1回目の開催候補地として山形市の名が挙がった。その理由は、他の自治体を招いて発表会を開催したという実績が評価されたからである。その後、全国大会開催に関する正式な打診があり、これを山形市が承諾したことにより、２００７年２月に第１回全国大会「ＡＬＬ ＪＡＰＡＮ やまがた☆10（スタート）」が開催されることになった。この「やまがた☆10（スタート）」というネーミングには、第1回、つまりはじまりを意味するスタートと、全国から集まった輝かしい星のような改善10事例による発表という2つの意味が込められている。

　第1回全国大会の発表は9自治体10事例（開催地である山形市のみ2事例発表）と、第10回大会における40自治体の発表に比べればまだまだ少ない状況だった。しかし、それでも庁舎内の案内表示を見やすくすることによる利便性向上の取り組みや保育所、斎場などの施設におけるサービス向上の取り組み、あるいは市立病院における安全性向上の取り組みなど、実に多彩な発表が行われた。こうした状況もあり、多くの参加者が「改善に関する数多くのヒントを得ることができた」といった好意的な感想を寄せてくれたのである。

このような経緯でスタートを切った全国大会。今では、改善のノウハウと意識を共有化し、自治体間で学び合う「共鳴」の場として確固たる地位を築いている。自治体間で切磋琢磨する善政競争という観点でいえば、共創と緩やかな競争という2つの「きょうそう」の場ともなっているのだろう。そして、この全国大会は、自治体業務改善の普及啓発とバージョンアップを目的に活動する自治体職員ネットワーク・Ｋ－ＮＥＴの活動がはじまるきっかけともなり、それが東北ＯＭのような自治体職員を中心としたネットワーク活動へと進化していくことになった。今後もこうしたつながりの場を活用し、自治体（職員）間で共鳴の輪を広げていくことが大切だ。きっと、そうした行動が自治体のパフォーマンスを底上げすることにつながるだろう。

14回連続14回目の出場

これは全国大会への私の参加状況（２０１９年度当時）である。高校野球の甲子園ならば、かなりの強豪校に違いないが、私の場合は発表者としてではなく、ほとんどが観戦者、あるいはスタッフとしての参加だった。そのため、改善の実践者として全国大会の舞台に立つことがいつの間にか仕事をするうえでの目標であり夢となっていたのである。

・組織内に改善意識を

その夢がようやく叶ったのは第13回大会。２０１９年2月に開催された「ええじゃないか！カイゼンまつりｉｎ豊橋～気づきの花火を、打ち上げろ～」（以下、「豊橋大会」）のときだった。2年間、全力を掛けて取り組んできたコミュニティバスのリニューアルに関する取り組みを発表できたこと、そして、長年思い続けた全国大会の舞台に立てたことがとても嬉しかった。実は私が全国大会の出場にこだわった理由がある。それは、業務改善を担当していた職員としての使命感だった。業務改善担当者が「改善は大切だ」と訴えても、なかなか事業課の職員には響かない。改善に対する意識を全庁的に広げることはとても難しいことである。そのような状況のなかで、改善意識を組織内に醸成するためには、庁内に改善意識を持った人材を地道に増やしていくしかない。その点で、業務改善を担当していた職員は大きな力になる。彼らが異動後に「もう改善は関係ない」といった態度で仕事に取り組めば改善の意識は向上するどころか、逆にマイナスの方向にベクトルは向いてしまう。一方で、**事業課でバリバリ改善に取り組み、自らの行動で改善の必要性を周りに示せば、自然と改善意識は全庁に広がっていくのではないだろうか。**この思いを実践していくうえでの目標として、私は全国大会出場にこだわったのである。

さて、話を14回連続出場に戻そう。実は、全国大会すべてに参加した人は意外と少なく、私を含めて3人しかいない。そのなかの一人が全国大会で審査委員長を務めている関西学院大学大学院経営戦略研究科の石原俊彦教授である。石原教授は審査委員長として毎回全国大会の締めくくりに講評を行うが、私はこの講評をいつも楽しみにしている。それは、私たち自治体職員の目指すべき方向性を示してくれるからだ。そこで、過去の話のなかで特に心に残った2つをここで紹介する。

春日井市で行われた第10回の記念大会。この時、石原教授は全国大会の10年間を振り返るとともに、今後の展望として新しい「ＰＰＰ」の必要性を説いている。みなさんはＰＰＰと聞いて何をイメージするだろうか。おそらく多くの方が「Public Private Partnership」を思い浮かべるのではないだろうか。しかし、「ＰＰＰ」にはもう一つの考え方がある。それが、石原教授が示した新たなＰＰＰの形

「Public Public Partnership」である。この新たなＰＰＰは主として自治体同士の官官連携を指しており、厳しい財政状況のなかで、各自治体が多種多様な住民ニーズに応えるため、自治体間で連携協力しながら公共サービスの質的向上に向けて取り組むことを意味している。

・自治体間連携

全国大会は開催自治体の職員が中心となり、過去の開催市や周辺自治体など、他自治体職員の協力を得ながら企画運営を行っている。また、運営費は開催自治体が負担しているが、職員派遣に伴う旅費などは参加する各自治体が負担している。これらの点から考えると、全国大会は全国各地で取り組まれた価値ある改善情報の共有化に向け、複数の自治体が連携協力しながら取り組んでいる新しいＰＰＰの代表事例ともいえるだろう。また、全国大会は事例に関する情報の共有化だけでなく、自治体職員間の人的交流の場ともなっている。発表会の休憩時間や懇親会では、各自治体における改善活動や発表事例に関する情報交換が随所で行われている。このように全国大会を通して、自治体間における改善情報の共有化が図られ、自治体職員同士もつながることができた。しかし、その一方で、残念ながら全国大会をきっかけに新たな改善が創出されたケースは少なく、また職員同士がつながったにも関わらず、自治体間連携による改善にまで発展したケースも見受けられない。こうしたことが全国大会の課題だと感じている。

次に、ご紹介したいのは13回目となる豊橋大会での講評である。この日、石原教授は当日を振り返り、その日感じたことを3つのキーワードでお話しされた。その3つとは横串、パフォーマンス力、係長の役割である。成熟社会が進展していくなかで、人それぞれ異なる価値観を持つようになり、それに伴い住民ニーズも多様化している。また、社会課題も高度化し、さまざまな手法を掛け合わせないと解決できない状況ともなっている。このようななかで、効果的で効率的な公共サービスを実施していくためには、役所内の他セクションとの庁内協働と、住民や他セクターとの庁外協働の2つの協働を実践していく必要がある。しかし、縦割意識の強い役所のなかで協働を進めていくことは容易なことではない。こうした状況を打開していくためには、**組織間をつなぐことができる横串人材が大事な役割を担うことになる。**また一方で、**組織間をつなぎ効果的な政策を実践していくためにはパフォーマンス力が重要である。**石原教授が「パフォーマンス力とは周りを和ます力としっかりとしたプレゼン力。ギスギスしていては改善を進めることはできない」と講評で話しているように、横串を刺すためには、刺しやすくなるように、組織間の関係性を柔らかく揉みほぐす力も必要なのである。豊橋大会では、パフォーマンス力ある横串人材を実践している係長職が数多く発表していた。道化師や裏方の役割を担い、かつ全体を見回しながら改善を進めることができる存在として係長は打ってつけのポストである。そうした点から3つ目のキーワードとして係長としての役割を挙げたのであろう。

上州ＯＭ、チーム千葉県、ＤＭＮ35……

これらはすべて県単位のネットワークである。順に、群馬県、千葉県、宮城県で活動している。近年、自治体職員が中心となり、都道府県単位でネットワークを立ち上げる事例が増えている。このような時代の流れに合わせるかのように、２０１６年10月、私も仲間と力を合わせて山形オフサイトミーティング（以下、「山形ＯＭ」）を立ち上げた。その理由は、東北ＯＭなど都道府県をまたいだネットワークにはない魅力が、県単位のネットワークにはあると感じたからである。

・ネットワークごとに得られるメリットは異なる

私は、東北ＯＭや自治体業務改善の全国的な普及啓発を目的に活動しているＫ－ＮＥＴなど、数多くのネットワークに参加している。さまざまなネットワークに参加している理由《ワケ》。それは**ネットワークごとに得られるメリットが異なっている**からである。

ネットワークを一つひとつみていくと、特定のエリア、例えば東北などにこだわって活動しているネットワークもあれば、自治体業務改善の普及啓発といった特定の目的にこだわって活動しているネットワークもある。**このようにネットワークを形成する枠組みは一つひとつ異なっており、それぞれの枠組みごとに享受できるメリットも大きく異なっている。**そのため、参加する目的に応じて、ネットワークを使い分けていくことが多種多様な情報や知識、人脈などを得るうえでは大切なのである。私が自分の時間を調整しながらさまざまな活動に顔を出すようにしている理由はここにある。

・都道府県単位でつながるメリット

東北OMや山形OMのような地域にこだわった枠組みで活動しているネットワークに着目してみたい。この種のネットワーク一つとっても、東北OMなど地方単位で活動しているものもあれば、上州OMなど都道府県単位で活動しているものもある。また最近では飛騨OMのように都道府県のなかのある一定のエリアを対象地域に活動しているものなども出始めており、多彩な状況となっている。しかし、エリアの規模感は違っていても共通しているものもある。それは、その地域に関係しているさまざまな立場の人材（財）が一堂に会する場ということである。そうした意味では、対象エリア内で多種多様なセクターをつなぐプラットフォームになることが、この種のネットワークにとっての大きな存在意義になる。それでは、このなかで、都道府県単位でつながるメリットとは何なのだろうか。

東北OMと山形OMとを比較しながら考えてみることにしよう。

まずは私たちが山形OMを立ち上げた理由からお話しする。そこには4つのポイントがあった。**第**

一に地域をつなぐ。山形県を大きく分けると、庄内・最上・村山・置賜という4つのエリアに分かれている。各エリアには地域のため活動し成果を挙げている人財が数多く存在しているが、こうした人たちがエリアを越えてつながる場がなかった。そこで、こうした面白い人財とつながっている自治体職員が連携し、彼らがつながる場を創ろうと考えたのである。**第二に官官をつなぐ。**県内には県も含めて36自治体が存在しているが、そこで働く職員同士がつながっていなかった。前述したように、自治体（職員）間の関係は共鳴、共創である。県内自治体職員がつながることで善政競争の輪を山形県内に広げていきたいと考えたのである。**第三に民官をつなぐ。**山形県内を見渡すと地域を元気にしている数多くの企業、大学、ＮＰＯが存在している。しかし、それらが行政とつながっているケースが少ないと感じていた。このような状況を改善するため、まずは民と官がつながるための場をアンオフィシャルな形で創り、それを仕事のようなオフィシャルな形へと発展させていく、つまり、オフからオンへを実践するきっかけの場を創ろうと考えたのである。**第四に、山形県内の若手自治体職員とさまざまな人財をつなぐ。**山形県に限ったことではないが、地域（知域）に飛び出す若手自治体職員はまだまだ少ない。この状況を変えていくためには、若手が気軽に参加できるつながりの場を創っていくことが大事であり、その役割を山形ＯＭが担っていきたいと考えたのである。

　こうした前提も踏まえて、東北ＯＭと比較しながら山形ＯＭの活動を改めてみていきたい。第一に、都道府県単位のネットワークは、地域内の活性化に資する活動を生み出す「出会いの場」になる可能性が高い。東北、山形両ＯＭともに民と官との垣根を越えたネットワークであり、それは参加者の職種を限定してしまうと共有される価値観が固定化してしまい、新たな発想が生まれにくいという考えによるものである。また、ＯＭの活動を通して民と官の人材（財）がつながり、そのつながりが新たな価値を生み出す協働事業のきっかけになってほしいとの想いもあった。新たな協働事例の創出を考えた場合、東北という枠組みでは広すぎる。例えば青森県八戸市で活動する民間人材と山形市で活動する行政マンの私がつながったとしても、活動しているエリアが遠すぎて、それぞれの町に効果を生み出すような事業を一緒に取り組むことは難しいだろう。一方で、県という枠組みであれば、県内各地に営業所を設けている企業も多く、また県内で市町村を超えて活動しているＮＰＯ等も存在していることから、ＯＭでのつながりが実践的なつながりへと進化していく可能性が高いといえる。第二に、地域が抱える課題に対して、共通の問題意識を持ちながら共に解決策を考える関係性を構築しやすい点が挙げられる。同じ県であれば、市町村が異なっていても抱えている課題は比較的類似している。また、各市町村の政策は県の方針に合わせて検討している場合が多いため、実施している公共サービスも類似している。その点では、東北ＯＭよりも山形ＯＭのほうが、地域やまちづくりをどう発展させていくか、より有益で実務的な意見交換ができるのでないだろうか。

ここまで東北ＯＭと山形ＯＭを比較し、都道府県単位でつながる意義を述べてきたが、決して東北より山形ＯＭのほうが素晴らしいと言っているわけではない。エリアが広がるほど、多種多様な情報が入手できるなど、東北という枠組みで活動しているほうが優れているところもたくさんある。繰り返しになるが、**何より大事なことはネットワークの使い分け。**各ネットワークが持つ強みを理解しながら目的に応じて使い分けていくことが仕事やプライベート活動への活用を考えるうえでは重要である。ここでは主に都道府県単位のネットワークの有用性について話をしたが、その特徴を理解し、たくさんある選択肢の一つとして活用してほしい。

SCHをご存知ですか？

文部科学省が国際的に活躍できる人材育成を重点的に行う高校を指定するSGH（Super Global Highschool）は聞いたことがあっても、SCHは知らない方が多いのではないだろうか。SCHとは、“Super Community Highschool”の略で、高校生のキャリア教育と地域活動とのマッチングを通して、高校生たちに地域への愛着と社会を生き抜くための主体性やスキル、ノウハウを身に付けてもらうための活動である。このSCHの考え方を普及啓発し、また実践に結び付けていくための方法論を考えるプロジェクトが、毎年2月、わが地元・山形市にある東北芸術工科大学（以下、「芸工大」）で開催されている。それがSCHシンポジウムだ。このイベントを主催している芸工大コミュニティデザイン学科とのご縁により、私は第1回シンポジウム（2015年2月開催）から、このイベントの企画運営に関わっており、この取り組みを通して、地方創生における「教育」、**特に子どもたちと地域とのマッチングの重要性に気づくことができた**のである。なお、現在、国も地域と高校とのマッチングには非常に関心を持っており、2019年に国が策定した第2次総合戦略では「高校生へのふるさと教育」が重要政策として盛り込まれている。

・地域活動とのマッチング

芸工大との関わりのほかに、もう一つ私がＳＣＨに関わるようになった理由があった。それがＳＣＨの実践者であり、今ではＳＣＨの重要性を説く伝道師として全国を駆け回っている大正大学の浦崎太郎教授との出会いだ。２０１４年10月のことである。浦崎教授は元々高校教師で、出会った当時は岐阜県立可児高校に勤務していた。教育現場で感じていた「高校が進学支援を頑張るほど、生徒は都会に出ていき戻ってこなくなる」という問題意識のもと、高校、特に進学校が地元から都会への〝人材流出装置〟にならないよう、高校のキャリア教育と地域活動とのマッチングを考え実践していたのである。具体的には、学校が地域諸機関等と連携し、地域課題を解決するためのさまざまなプロジェクトを生徒たちに提供する「地域課題解決型キャリア教育」（通称：エンリッチ・プロジェクト）を行い、生徒の学力や学校の活力、地域の持続可能性の向上に大きな成果を挙げていた。これらの活動の内容や成果について浦崎教授からお聞きしているうちに、私も徐々にＳＣＨの必要性を感じるようになったのである。

しかし、多くの自治体においては、まだまだＳＣＨの必要性は感じられていない。多くの自治体が人口減少対策として移住定住政策に取り組んできたが、その多くがＵＩＪターンの促進を目的としたものとなっている。そのため、移住者を対象にした給付金など、都会に住んでいる人たちをターゲットにしたものが主要な取り組みになっているケースがこれまでは多かった。このような状況に、私は違和感を持っていた。なぜならばＳＣＨに関わるようになってから、移住者を増やすために給付金をばら撒くような政策よりも、**地域に住み、将来、地域の担い手となる子どもたちの愛郷心を育むための政策**を実践することのほうが長期的にみれば人口減少を食い止めるうえで効果があると感じていたからである。

小さな頃から子どもたちが地域活動に参画する仕組みと地元のカッコイイ大人たちと出会う場を創る。そのことで、地域に対する誇りや愛着、目指すべき自分自身の未来像を子どもたちの心に醸成する。その結果、一度、進学や就職で故郷を離れても、いつか生まれ育った故郷（地域）で活躍したい、あるいは、たとえ故郷から離れた場所に住んでいても故郷のために何か貢献したいと考えるようになるのではないだろうか。そして、それが地域の活力になっていき、定住人口や交流人口、あるいは、最近話題の関係人口の増加につながっていくと私自身は考えている。首都圏から地方への移住者がなかなか増えない状況のなかで、これ以上、移住政策を進めれば、自治体間で人口の奪い合いとなる。こうした状況を生み出すよりも、地元の子どもたちへのふるさと教育を徹底するほうが、多くの自治体で人口流出を抑制することができ、また自治体間の格差もなくなり、日本全体の活力になる。こうした未来が人口減少社会を迎える日本が目指すべき方向ではないだろうか。

・地域全体で取り組む仕組み

ＳＣＨに関連する取り組みを重要政策として取り扱ってきた自治体が少ない理由は２つあると私自身は考えている。１点目は、短期的な効果が期待できない点である。「教育」をはじめ、人に関わる政策は結果が出るまでに時間が掛かる。しかも効果測定が難しい。その一方で、移住支援の助成や奨学金助成制度といった移住定住策は、すぐに効果が現れるうえに、移住給付金の受給者数など効果測定が把握しやすい。地方創生においては、ＫＰＩを設定し継続的に効果検証を求められることから、長期的スパンで人口減少を食い止め、かつ効果が測定し難い点が、自治体のなかでＳＣＨに関連する施策や事務事業が進まない要因となっている。２点目は組織的な問題である。市町村が高校と地域とのマッチングに向けた取り組みを進めようとしても、高校を管轄している官庁が県であるため、なかなか高校側にアプローチすることが難しい。首長部局にある地方創生部門が、同じ役所内の教育委員会に声を掛けても「高校は県の管轄だから」と言われるのが関の山である。全国的に知られているＳＣＨの成功事例をみてみると、当該市町村内に高校が一つしかないケースが多いように感じる。推察するに、地元に高校が一つしかないと、市町村も日ごろから当該高校と多岐に渡って連携することが多く、そのことがＳＣＨの活動につながっているのではないだろうか。複数の高校が存在していると、どのようなプロセスで高校側にアプローチしてよいかわからなくなる。このような状況がＳＣＨの普及にとって大きな障害となっている。

国が総合戦略で「高校生のふるさと教育」を重要視することになった以上、市町村は必然的にＳＣＨに取り組まざるを得なくなる。しかし、市町村がやらされ感を感じながら形式的に取り組んでいては、手段が目的化してしまい、高校生が地域に対してマイナスの印象を持ってしまう逆効果を生み出してしまうケースも出てくるだろう。そうならないためにも、行政×高校といった1対1の連携の形ではなく、**行政（県＋市町村）、高校、大学、企業などといった形で、地域全体で地域と高校をつなぐ仕組みを考える**ことが必要だと私は感じている。

稚魚が川を下り、大洋でさまざまな経験を積み成長したあとで、成魚となって地元の川に戻り産卵し種族の繁栄に貢献する鮭のように、愛郷心を持ち、外に出て収得した知識やスキルをふるさとのために活かそうとする子どもたちを増やすことが地域の未来のためになる。私はそう信じている。

「地方自治体の改善に終わりはない」

これは元福岡市職員で、現役時代に自治体業務改善の先駆的事例でもあるＤＮＡ運動の担当課長を務めていた吉村慎一さんの言葉である。この吉村さんを中心メンバーとした新たな組織が２０１７年3月に立ち上がった。それが全国都市改善改革実践事例発表会準備委員会（以下、「準備委員会」）である。準備委員会には、学識経験者や全国大会を開催してきた自治体の担当者などが委員として参加しており、私も山形大会の担当者として名を連ねている。これまでも、自治体業務改善の普及啓発に関わってきたが、今後は、この活動を通して、改善の必要性などを伝えていきたいと考えている。

・本当に改善のネタはないのか？

さて、冒頭の吉村さんの言葉に話を戻すことにしよう。なぜ、自治体業務改善に終わりはないのか。吉村さんの言葉を借りれば、**自治体が担っている仕事はすぐに改善することがなくなるほど、単純で簡単なものではない。**また、何より市民から改善を求められたときに、「私が担当する業務に、もう改善すべきことはありません」と回答することは許されないからである。しかし、業務改善担当あるあるだが、改善活動を数年間実施していると、事業課の職員から「毎年、改善事例を募集しているけど、そんなにネタはないよ」とよく言われる。それでは本当に改善のネタはないのだろうか。事業課を取り巻く環境は年々厳しさを増している。住民ニーズの多様化等により、業務量は年々増加傾向にある反面、行財政改革の影響により職員数は削減傾向にある。このような状況のなか、効率的に業務を遂行するために、多くの職員が知らず知らずのうちに改善に取り組みながら、課題を解決するため日々業務に当たっている。そうでなければ行政サービスを適切に行えないくらい自治体の状況は切迫している。

それでは、なぜ事業課の職員は「改善のネタはない」と言ってしまうのだろうか。その理由は、**職員自身が改善に取り組んでいることを自覚していない**ことにある。改善というと、何百万円の削減や何千万円の歳入増加などがイメージされ、これまで実施してきた無駄な作業の廃止などは改善だと感じなくなっている。大規模な削減や歳入増は宝くじに当たるようなものであり、むしろ、私はコロンブスの卵のように、誰もが気づきそうで気づかなかった身近な改善こそが大事だと感じている。また、そういった事例のほうが他部署への波及効果は大きい。そのことを裏付ける山形市の事例をご紹介しよう。山形市で開催されていた業務改善発表会「はながさ☆ぐらんぷり」において、最も他課への波及効果が高かった改善事例は、観光物産課（現：観光戦略課）による「にょーにょーぺーぱー」の取り組みで、期日を過ぎていらなくなった観光ポスターを保育園に譲り渡し、園児が使用するお絵かき用の紙として再利用するというものだった。なお、「にょーにょーぺーぱー」とは、落書用紙の意味で、幼児が絵や文字を書くことを「にょーにょー書き」という山形弁に由来するものである。それって改善なの?と思う方もいるだろう。しかし、裏面が白紙となっているポスターの特徴を生かしたこの改善は、瞬く間に他課にも波及し、さまざまな課がいらなくなったポスターを保育園に譲り渡すようになった。保育園にとっては紙代の節約、各課にとっては資源の再利用ということで、環境面での効果創出につながったのである。

　山形市において、この事例が大きく脚光を浴びることになったのは、前述した「はながさ☆ぐらんぷり」があったからである。目の前の仕事に没頭していると、他課のことが見えなくなる。そうすると、自分が取り組んでいる改善が特別なことではなく、当たり前のことと感じてしまい、改善に取り組んでいるという意識がなくなる。こうした状況を変えるためには、**各課で取り組んでいる改善に光を当て、全庁的に共有化するとともに、その改善に取り組んだ職員を顕彰する**ことが大事である。そして、そのための手段として、業務改善発表会などの全庁的改善活動が有効なのだ。こうした活動を継続的に実施していくことで、多くの職員が「こうしたことも改善なんだ」という意識が芽生え、「あの課でやっている改善を真似してみよう」や「自分たちが取り組んだ活動も立派な改善だよね」と考えるようになるのではないだろうか。

・改善活動を継続的に取り組むために

「自治体の改善に終わりはない」のならば、各自治体における改善活動に終わりもない。そして、各自治体において改善活動が継続的に取り組むべきものならば、その延長線上にある全国大会もまた継続して実施していくべきである。こうした考えのもと、全国大会を継続的な取り組みとするための基盤として準備委員会を設立することになった。この準備委員会の設立により、これまで不透明だった全国大会開催地決定のプロセスを明確化していきたいと考えている。具体的には、準備委員会名で全国大会の開催地を公募し、手を挙げた自治体のなかから委員による投票などで開催地を決定していくなど、新たな方法で開催地を決定していく予定となっている。

新たな仕組みで継続していく全国大会だが、私自身、ここ数年の状況から残念に感じていることがある。それは、開催自治体に所属する職員の参加人数が少ないということだ。山形市で第１回大会を開催した際には、職員２人以上の参加をすべての課に義務付けていたため、約４００人の参加者のうち、半数近い２００人ほどが山形市の職員だった。これに対し、開催自治体の職員が参加する割合は、あくまでも私の肌間隔であるが、年々減少傾向にあるように感じる。その証拠に、全国大会に参加した際、休憩時などに会場全体を見渡すと、その多くが大きな荷物を持っており、発表するために参加している他自治体の職員だと容易に推測することができる。全国大会の開催にあたっては、当該自治体が開催経費を負担することになっているが、その目的は自分たちの組織に属する職員の意識向上とスキルアップなのではないだろうか。そうであるならば、**まずは多くの職員が全国大会に参加するよう促す必要がある。**「日常業務が忙しく全国大会に参加する余裕などない」と話す職員に配慮し参加を強制していないのかもしれないが、同じ立場で働いている他自治体の職員が地道に改善に取り組み大きな成果を挙げている姿を目の当たりにすることは、多くの刺激や気づきを得ることにつながり、改善に対する意識を高めることになるだろう。私のように毎年全国大会に参加している改善マニアは別として、そうした経験ができるのは滅多にないことである。こうしたチャンスを開催自治体の職員には逃してほしくない。

　こうした全国大会が抱える課題を解決することも準備委員会に課せられた大きな役割である。そのため、今後、委員として開催自治体の職員が積極的に参加するような仕掛けづくりにも取り組んでいきたいと考えている。

協働には3つのスタイルがある

これはＮＰＯ法人日本ファシリテーション協会フェローの加留部貴行さんの言葉である。なお、加留部さんが関わっている福岡市では「協働」を「共働」と表現している。加留部さんとは自治体業務改善の活動を通して出会い、親交を深めてきた。余談だが、毎年開催される全国大会では、加留部さんと私が中心となり、二次会後に少人数でひっそりと飲む「かるちゃん・よっちゃん会」が恒例となっている。こうした交流のなかで、２０１９年３月、大分県別府市で行われた業務改善に関する職員研修で、私は加留部さんと共に講師を務める機会を得た。そのとき、加留部さんからお聞きしたものが、冒頭で紹介した「３つの協働」の話である。

・「3つの協働」で一番うまくいっていないもの

みなさんは「協働」と聞いて、どんなことをイメージするだろうか。指定管理者制度や委託化のようなアウトソーシングの取り組み、あるいは、行政が住民や民間事業者と連携して実施するイベントの開催事業などを思い浮かべるかもしれない。これに対し、加留部さんは、協働には**「住民×住民」「住**

民×職員」そして「職員×職員」という３つの考え方があるとの見解を示している。確かに、周りを見渡してみると、地域をよくするために住民同士や住民と民間事業者が連携した多種多様な活動があふれている。また、住民ニーズや社会課題が多様化しているなかで、行政内部でも組織横断的な取り組みを行うことが求められるようになっている。こうした「民×民」「官×官」の取り組みもまた紛れもなく協働なのである。

研修のなかで、加留部さんは受講者に「３つの協働のなかで一番うまくいっていないものは何か」と尋ねた。この質問に、みなさんならどう考えるだろうか。加留部さんの考えは「職員×職員」だった。つまり**庁内協働が一番うまくいっていない**との考えを示したのである。この考えに、私も納得したが、そう感じた理由は２つあった。

第１の理由は、横串人材の重要性を感じていたからである。別府市での研修会の１か月前に、私は愛知県豊橋市で行われた全国大会に参加したが、前述したとおりこの発表会のなかで、審査委員長を務めていた石原教授より、役所内における横串人材の重要性に関する話があった。石原教授が講評で取り上げたように、豊橋大会には、他組織と連携しながら組織横断的な取り組みを実践している横串人材による発表が多かったが、それは多くの自治体において庁内協働が進んでいない一つの現われだと感じた。なぜなら組織横断的な取り組みが多くの自治体で当たり前に実践できている状況であれば、各自治体の代表にこれほど多くの横串人材が選ばれていないからである。

第2の理由は、行革時代の経験である。行革推進課在籍時に、私は職員提案の担当をしていたが、複数の部課にまたがるような提案は、なかなか実施までこぎつけることができず、また、提案者と担当課との調整に苦労したことも度々あった。これらの経験から、各組織が持つ縄張り意識の強さと、これに起因する庁内協働の難しさを、身を持って感じていたのである。

この研修会直後にも、庁内協働の問題を実感する出来事があった。研修会の翌々日、私は豪雨災害により大きな被害を受けたある地域を訪ねた。現地には私の友人がおり、地元の人たちとの交流の場を創ってくれたのだが、そこで庁内協働がうまくいっていないことを痛感する話を現地の人から聞くことになった。その話とは「復興に向け、いろいろな団体や個人が、この地に足を運んでくれている。そして、こうした人たちと地元の人たちとの連携も進んでいる。しかし、まったく進んでいないのが役所内の連携だ。役所内の部署同士がもっと協働してくれるともっと早く復興が進むのに、そこがうまくいっていない。**『協働しろ、協働しろ』という役所こそが、もっと協働すべきだ**」という私たち自治体職員には耳の痛いものだったのである。

・政策をつなげられる人材を役所内に

昔から役所が抱える課題として組織のタテ割りを問題視する声が多い。タテ割りになっている理由は、国の通達に合わせて機関委任事務を執行していた時代の名残で、国の所管省庁に合わせた組織体制になっているからだろう。住民ニーズの多様化などにより一つの部署だけで解決できる社会課題は年々少なくなっており、関係する部署間で連携し課題解決に取り組まなければならないケースが増えている。しかし、通達から通知に変わり、国の顔色をうかがうことなく政策を決定できる制度に切り替わっても、長年、タテ社会重視の組織を続けてきた役所において、組織の壁を壊し横断的な取り組みを進めていくことは容易なことではない。自治体によっては、政策別にプロジェクトチームなどを設置し対応しているケースも増えているが、タテ割りの弊害を解決するまでは至っていないのではないだろうか。

　こうした状況のなか、庁内協働を進めていくためには、**政策をつなげられる人材を役所内に増やしていく**ことが大事だと私自身は考えている。いきなり組織風土を変えようとしても、それは容易なことではない。まずは庁内協働を実践する職員を少しずつ増やしていくことのほうが現実的ではないだろうか。また、これからの自治体職員はつなげられる人材が求められている。自治体職員がつなぐものとしては、人や組織、地域やセクターなどに加え、政策も大事なファクターといえる。実際に、私が担当していた公共交通の仕事では、高齢者の移動について考えるケースが多く、その場合は公共交通施策としての視点だけでなく、福祉的な視点でも課題解決に向けた方策を検討しなければならなかった。また、この他にも、まちづくりに合わせた交通網整備を行うためには都市計画の視点、子どもたちの通学を考えるうえでは教育的視点など、多角的な視点を持って対応策を検討する必要があったのである。

政策をつなげられる横串人材が増えれば、タテ割りの弊害を改善することが可能となる。庁内協働が進まないことで、役所がまちづくりの足かせになっては本末転倒だ。そうならないよう、まずは職員一人ひとりがさまざまな視点から政策を考える意識を持ち、他課と連携しながら政策を実行していくことが大事なのである。そのためにも、自治体職員は知域に飛び出し、多種多様なセクターに属する人材とつながり、さまざまな価値観を理解し、一緒に活動できる仲間を増やさなければならない。

そうした点からも公務員が知域に飛び出す意義があると私は考えている。

コラム

心に響く言葉

知域活動をはじめて以降、さまざまな機会を通して、たくさんの人と出会い、数多くの心に響く素敵な言葉と出会うことができた。そして、その数々の言葉が、私にとっての学びや気づき、さらに行動指針になっている。そこで、それらの言葉を「心に響いた3つの言葉」として年度別に紹介しよう。

２０１５年度は、私の人生において大きな転機となる素晴らしい出来事が2つもあった。第一に月刊ガバナンスの連載コラム「後藤式・知域に飛び出す公務員ライフ」がスタート。自治体職員のバイブルともいえる月刊ガバナンスで、私が連載を担当することになった。この連載は６年目を迎えた今でも継続しており、知域活動を通して私自身が感じたことなどを発信する大切な媒体となっている。第二に東北ＯＭのマニフェスト大賞受賞。早稲田大学マニフェスト研究所が主催し全国的にも注目を浴びるマニフェスト大賞において、東北ＯＭが最優秀復興支援・防災対策賞を受賞し、さらに、さまざまな最優秀賞のなかから選ばれるグランプリ（市民の部）も併せて受賞した。この受賞により、仲間とともに立ち上げ、全力で取り組んできた東北ＯＭが名実ともに全国的に名を挙げることができたのである。

このように２０１５年度は、私自身としても、東北ＯＭとしても大きな飛躍の年だった。そんな２０１５年度に出会った心に響く言葉をご紹介する。

①一人ひとりの仕事がＳｔｏｒｙであり、これらのＳｔｏｒｙが集まることでＨｉｓｔｏｒｙになる

この言葉は、２０１５年５月に開催した東北ＯＭ山形勉強会で、佐賀県武雄市の前市長である樋渡啓祐さんからお聞きしたものだ。樋渡さんとは２０１０年につながり、東日本大震災以降、毎年のように講演をしていただき、「スピードは最大の付加価値」や「想いを持つことが大事。想いを持っていれば必ず出番はやってくる」といった素敵な言葉を東北ＯＭメンバーに届けてくれていた。そのようななか、満を持して開催した山形勉強会。私にとっては、地元・山形で樋渡さんの話を聞くことができる喜びを感じながらの開催だったのである。

講演のなかで、樋渡さんは自身が市長時代に手掛けて大きな成果を挙げた武雄市図書館につい

て、このように語った。

「武雄市図書館を短期間でオープンすることができ、また、オープン後も多くの方に利用してもらえているのは、スタッフ一人ひとりが自らの役割を果たし職務を全うした結果だ。こうした一人ひとりの仕事がＳｔｏｒｙであり、それらのＳｔｏｒｙが集まることによって、武雄市図書館というＨｉｓｔｏｒｙを形づくっている」

この話を聞いて、役割分担と連携というパートナーシップの意味を思い出した。事業やプロジェクトは決して一人の力で成し遂げられるものではない。その事業等に携わった多くの人たちが力を結集することで成し遂げられるものだ。その一方で、一人ひとりがしっかり力を発揮し自らの役割をしっかり担う必要もある。こうした個の力（役割分担）と個の力の結集（連携）が重なり合うことで大きな成果を生み出し歴史を創っていく。いつか自分も「たくさんのＳｔｏｒｙが集まりＨｉｓｔｏｒｙを築く」ような仕事を実践したいと考えている。

②成長時代はタイムイズマネー、非成長時代はタイミングイズマネー

この言葉は２０１５年12月に開催された東北ＯＭ仙台勉強会で、富山県氷見市の市長（当時）

である本川祐治郎さんにお聞きしたものだ。東北ＯＭが本川さんを招くきっかけを創ってくれたのが、酒田市職員で東北ＯＭメンバーでもある松永隆さん。彼が富山県で開催された自治体学会で本川さんに出会い、本川さんが市長として推し進めていた「対話によるまちづくり」に感銘を受けたことから、その話を東北ＯＭで聞こうということになったのである。

本川さんは講演のなかで、このように私たちに語り掛けてくれた。

「成長時代は働けば働くほど、時間を掛ければ掛けるほど成果を挙げることができた。だからこそ、タイムイズマネーの考え方が重要視された。しかし、大量生産大量消費の成長社会が終焉を迎え、これからの非成長社会では好機を活かすことで成果を生み出さなければならない。そのため、タイミングイズマネーの考え方が重要視される」

この話に、私は非常に共感するとともに、タイミングイズマネーを実践していくためにはチャンスと出会うための機会を増やす努力と、出会ったチャンスをより活かすための見識を身に付ける自己研鑽が必要だと感じた。「ふとした偶然をきっかけに、幸運をつかみ取る」という意味のセレンディピティという言葉があるが、このセレンディピティを数多くつかむことが、タイミングイズマネーを実践することにもつながっていく。しかし、ただ待っているだけでは、セレンディピティをつかむことはできない。自らさまざまな場に足を運び、チャンスと出会い、チャンスを活かす訓練を積むことが大切なのだ。そして、そうした場として多くの方に東北ＯＭを活用してほしいと考えている。

③他責文化ではなく自責文化へ

この言葉は、２０１５年11月に山形市役所の自主研修「やまがた夜カツ勉強会」で元三重県知事の北川正恭さんにお聞きしたものだ。マニフェスト大賞受賞を通じて、北川さんとの交流がはじまり、北川さんが所用で山形市にお越しになった際に、お話を聞く機会を得ることができた。当日は10名そこそこの人数でじっくり北川さんの話を聞くという最高の贅沢を味わったが、これもまた前述したタイミングイズマネーの実践だったのかもしれない。

北川さんは講演のなかで「みなさんは自分がやろうとして、できないことを誰かのせいにしていないか。財政課や上司のせいなど、できない原因を誰かのせいにするのが他責文化。これでは物事を前に進めることはできない。そのため、この考え方を自責文化に変えていくことが大切だ。自分が変わらないと社会は変えられない。人のせいにせず、自らの責任のもと考え行動していくことが地方創生だ」と私たちを叱咤激励してくれた。

人はできない理由をついつい人のせいにしてしまう。そのほうが楽だから当然である。ふり返ると、私自身も「財政課が予算をつけてくれなかった」など、できない理由を他責にしていたことが多かったように感じる。また、予算がなければないなりにできることを実践してきたか、というとそうでもない。そのため、北川さんの話を聞いて、それまでの生き方を素直に反省する機会を得たように感じる。どのような状況下においても自分が何を為すべきかを考え実践していく。そうしたことが大切で、そのような行動を実践するからこそ新しい価値を生み出せるのだろう。

最後に余談だが、オフサイトミーティングという言葉は、北川さんと北川県政時代に三重県に関わっていたスコラ・コンサルトの元吉由紀子さんが生み出したものである。そうした経緯から、マニフェスト大賞受賞以降、北川さんからは、オフサイトミーティングを実践している東北ＯＭなどの自治体職員ネットワークをあらゆる面で応援していただいている。こうした北川さんの期待に応えるためにも、自治体のなかに自責文化を広めるための活動を実践していきたいと考えている。

第2章

ネットワーク活動、はじめの1歩

後藤さんは若い頃からネットワーク活動に熱心だったのですか？

こんな質問をよく受ける。きっとＹＥＳという答えを期待してのことだと思うのだが、残念ながら、答えはＮＯ。意外と思われるかもしれないが、社会人になってからしばらくは、職場以外につながりを持つことなど、ほとんどなかった。むしろ市役所内でも、限られた人としかつながっていなかったくらいである。それが、なぜ数多くのネットワークを築くまでに至ったのか。そこには私とネットワーク活動との馴れ初めともいうべききっかけとなる出来事があった。何ごとも最初の１歩が大事。そこで、本章ではさまざまな角度から「はじめること」の秘訣をお伝えしたい。

・ネットワーク活動との出会い

はじめに私とネットワーク活動との出会いからお話ししよう。私は１９９４年４月に山形市役所に入庁した。その年の冬に、私は仲のよい先輩のすすめでモーグルをはじめたが、想像以上にハマってしまい、それから10年間、ほぼスキー中心の生活を送ることになった。このような生活は仕事にも影響を与え、入庁9年目に体育振興課冬季国体室に異動した。それは「スキー関連の仕事がしたい」という異動希望が叶ってのことだった。

私に転機が訪れたのは入庁して11年目のことだった。２００４年2月に冬季国体が終了。同年4月に私は企画調整課に異動して行政評価システムを担当することになった。山形市では行政評価システムのことを「仕事の検証システム」と呼んでいるが、異動した２００４年当時は、市川昭男前市長が公約に掲げる肝入りの事業としてスタートを切ろうとしていた。仕事の検証システムの特徴の一つとして、事業担当課が行う内部評価に加えて、学識経験者等による外部評価も行っていた。この外部評価委員会の委員長を務めていた石原俊彦教授こそが、私にネットワーク活動と出会うきっかけを創った方だったのである。

行政評価担当として2年目を迎えた２００５年、石原教授からご自身が立ち上げようとしていたフォーラムＫＧＰＭ（以下、「ＫＧＰＭ」）への入会をすすめられた。ＫＧＰＭとは石原先生が主催する自治体職員の生涯学習をサポートするための広域的なネットワークである。これに参加することにより全国各地の著名な自治体職員とつながることができるとともに、自治体に関わる最新の情報について、メーリングリスト等を通じて常日頃から入手することができるというメリットがあった。石原教授からは第1回セミナーへの誘いも併せてあった。ＫＧＰＭへの入会については躊躇することはなかったが、セミナーへの参加については迷いがあった。それは内気で人見知りな性格のうえに、東北から遠い大阪での開催ということで、周りに馴染めるか、一抹の不安を感じていたからである。しかし、私は勇気を持って一歩踏み出すことにした。このちょっとした決断が、今につながっている。この経験からいえることは、**「チャンスは誰にでも訪れる。しかし、そのチャンスを誰もが掴めるわけではない。そのチャンスを掴めるかどうか。それは、ちょっとした勇気を持ち、行動を起こせるか、にかかっている」**ということだ。

・全国の自治体職員のレベルの高さに意気消沈

このセミナーで、私は大きな衝撃を受けることになった。それは、全国から集まってきた自治体職員のレベルの高さである。特に、阪神・淡路大震災を経験してきた阪神圏域で働く自治体職員のレベルは非常に高く、まったく話についていくことができなかった。具体的には、今でこそ、ファシリティマネジメントやアセットマネジメントの考え方は一般的になっているが、当時の私には、そうした意識はまだまだ希薄で、行政評価システムの担当としてソフト事業の無駄をなくしていくという程度の視野しか持ち合わせていなかった。これに対し、阪神圏域の自治体職員は、阪神・淡路大震災を機に新たなまちづくりに取り組んでいくなかで、すでに自分よりワンランク上の事業評価に対する視点を持ち合わせていたのである。そのような彼らの話についていくことができなかった私は、福島の特産品として有名な赤べこのように、ただただ頷くことしかできなかった。そのため、当初は『こんなレベルの高い場に参加しなければよかった』と意気消沈していたが、そんな私に救世主が現れた。それが、セミナーでたまたま1列前に座っていた兵庫県・伊丹市役所の前田和宏さんだったのである。

前田さんは関西に不慣れな私を気遣い、セミナー終了後も夜遅くまで付き合ってくれた。そして、いろいろなことを丁寧に教えてくれた。この前田さんとの出会いにより、私は「ＫＧＰＭは意気消沈する場所ではなく、自らを高める場所だ」と気持ちを切り替えることができた。また、「同じ自治体職員として前田さんのような自治体職員になりたい」との気持ちが湧き上がった。そして、その気持ちが山形に帰る時には、「次回のＫＧＰＭにも絶対に参加しよう。そして、その時までには、前田さんのようなレベルの高い自治体職員に少しでも近づくことができるよう頑張ろう」という向上心へと変わっていったのである。

・外に出なければ、自分たちのレベルはわからない

それ以降、私はＫＧＰＭのセミナーに参加し続けた。そして、それらの活動を通してネットワーク活動には2つの意義があることに気づいたのである。1点目が、ネットワーク活動に参加し、外とつながることで、自分自身や自らが所属する組織、あるいは地域の振り返りができるということである。組織のなかで一生懸命働いていても、外に出なければ自分たちのレベルがどの程度なのかを把握することはできない。スタンダードを知るためには、外に飛び出し、他組織と自組織との比較を行う必要がある。井の中の蛙では、他者よりも自分たちが劣っている点に気づくことができず、他者の優れて

いる点に学ぶこともできない。そうならないためにも、ＫＧＰＭのような外に飛び出し、外の常識を感じる場が必要だと強く感じることができたのである。

２点目が、同じ想いや志を持つ仲間と知り合うことでモチベーションが高まるということだ。東北でも、関西でも、九州でも、自治体職員が抱えている課題や悩みに大きな違いはない。みんな同じようなことで苦労している。そのような同じ課題を抱えながらも前向きに頑張っている仲間の存在は、「辛いのは自分だけではない。彼らに負けないように自分も頑張ろう」と思える励みになり、モチベーションアップにつながるのである。

石原教授にきっかけをいただき、前田さんにフォローしていただいたおかげで、私はＫＧＰＭと出会い、その活動を継続することができた。そして、そのことにより、私の人生は良い方向に大きく変わったと言っても過言ではない。その証拠に、ＫＧＰＭがきっかけとなり、石原教授を中心とする英国自治体視察団に２度にわたり参加することができ、この経験が大学院での研究活動へとつながっていく。そして、こうした経験を後輩たちにも感じてほしいとの思いから東北ＯＭの発足へとつながっていった。繰り返しになるが、チャンスは誰にでも訪れる。しかし、誰もが掴めるものではない。**チャンスを掴むためにも、誰かの誘いや頼まれごとに、ＹＥＳと答える前向きな意識と行動力を持ち合わせることが大切**なのである。

百聞は一見に如かず　百見は一験に如かず

これは、私が心の師と仰ぐ兵庫県尼崎市職員の吉田淳史さんから教わった言葉である。この言葉と出会ったことで、私は何より行動することが大事だと思うようになった。そして、その意識の変化がやがて東北ＯＭの発足へとつながったと感じている。

吉田さんによると「百聞は一見に如かず　百見は一験に如かず」は、元々、「百聞百見は一験に如かず」という松下幸之助の言葉に由来するとのことだった。この言葉について、松下幸之助は「塩の辛さといったものは、いくら頭で考えたり、目で見たりしてもわかるものではないでしょう。まず、自分でひと口なめてみる。頭で考えるのではなく、みずから味わってみてはじめて塩というものがわかる。そのように体験を通してはじめてものの本質をつかみ、理解することができるという場合が、世の中には少なくありません。いわば〝百聞百見は一験に如かず〟」（「松下幸之助　成功の金言３６５」より）と語っている。つまり、体験すること以上に、ものごとの本質を理解することはないという話から、松下幸之助は行動することの大切さを説いていると私は理解している。

・若手がなかなかネットワーク活動をできなかった理由

この言葉を教えてくれた吉田さんとは業務改善の仕事を通して出会った。吉田さんと初めて会った2005年当時、尼崎市役所では全庁的改革改善実践運動としてYAAるぞ運動に取り組んでおり、この取り組みの担当者が吉田さんだったのである。吉田さんは、尼崎市役所全体に改善意識を醸成するため、本庁舎内の各課はもちろん、清掃工場や保育所、支所や消防署など、市内各所にあるさまざまな施設にも頻繁に足を運んでいた。その点では、吉田さん自身が行動の人だったといえる。そして、このフットワークのよさが多くの職員の心に改善の火を灯し、YAAるぞ運動は大いに盛り上がっていた。こうした状況から私たち業務改善担当者の間では、〝やあるぞ吉田〟としてカリスマのような存在だったのである。

吉田さんの素晴らしいところは行動力だけではない。私が最も尊敬するところは、人に対する接し方である。第1回となる全国大会を山形市で開催した際、吉田さんは他市職員にも関わらずスタッフ（MC）として参加してくれた。このとき、吉田さんは審査員を務めるゲストにも、一般の参加者にも分け隔てなく同じように接していた。普通ならゲスト優先の対応をとってしまいがちだが、人によって差をつけることなく、すべての人に丁寧な接し方をしている吉田さんを目の当たりにして、自分も、このような接し方ができる人間になろうと心に決めた。フェイスブックなどで、私がコメントを寄せてくれた方一人ひとりにコメント返しをする様子を見て、「コメントが、何十件、何百件きても丁寧に返信する後藤さんは凄いですね」と言われることがあるが、この習慣も、実は吉田さんの影響を受けてのことである。

吉田さんに冒頭の言葉を教わった頃、私は関西で開催していたＫＧＰＭに毎回のように参加していた。そして、この活動への参加を通して、前述したように、さまざまな経験や知識、数多くの仲間を得ることができ、ネットワーク活動の有益性に気づくことができた。その当時、私は30代前半だったが、業務改善の仕事を通して20代の若手職員と交流する機会が増え、徐々に目を掛ける後輩もできつつあった。「彼らに自分自身がＫＧＰＭで得た経験を味わってほしい」と考えるようになり、私は思い切って後輩たちをＫＧＰＭに誘ってみたが、残念ながら色よい返事はもらえなかった。それもそのはずである。当時は、格安航空会社ＬＣＣなどない時代。どんなに安い旅行パックを見つけても関西までの往復航空券に宿泊代も入れると、旅費は５万円近くになった。これにセミナーへの参加費や懇親会代などを加えると相当な金額になる。若手職員にとって１回の勉強会に参加するためだけに捻出できる金額ではなかったのである。

・身近な東北をフィールドに

しかし、私は諦めなかった。「若手が参加しない理由がコストにあるのならば、身近なところにネッ

トワークをつくればよいのではないか」と考えたのである。そこで私は改善活動で交流があり、ＫＧＰＭにも参加していた岩手県北上市職員の佐々木範久さんと高橋直子さんに「若手が外に飛び出すきっかけを創りたい」という想いを伝えたうえで、「東北をフィールドに活動する自主的な勉強会を一緒に立ち上げて、仙台を会場に2、3か月に1回程度の割合で活動しないか」と提案してみた。すると、ありがたいことに、二人ともすぐに私の話に賛同し、早速、東北で活動する新たなネットワークの立ち上げに取り掛かることになったのである。まずは3人のなかで、活動の目的や方向性をある程度共有したうえで、北上、山形両市の職員に声を掛けはじめた。その後、宮城県栗原市職員の鈴木敬さんや山形県職員の加藤法弘さんなどの協力も得ながら、4か月で28人の仲間を集めることができたのである。このうち12人が集まり、仙台市旭ヶ丘市民センターでキックオフミーティングを開催した。これが東北ＯＭの始まりである。

・最初は小さな1歩から

私が、このような行動をとることができた原動力が冒頭で紹介した「百聞は一見に如かず　百見は一験に如かず」にあった。行動することは勇気がいることであり、また、面倒なことでもある。時に、「余計なことをして」や「そんなことをして意味あるの？」といった陰口を叩かれることもあるだろう。そのため、やりたいことがあっても、はじめの1歩をなかなか踏み出せない方も多いのではないだろうか。吉田さんと出会うまでは、私もそのなかの一人だったから気持ちはとてもわかる。しかし、想いを持つことや見聞を広げるだけでは新しい価値を生み出すことはできない。熱い想いを持ち、仕事やプライベートの活動で得た知識や見識というインプットしたものを活かしながら、行動、つまりアウトプットすることで、初めて新しい価値としてアウトカムを生み出すことができるのである。

3人ではじまった東北ＯＭも、今では１０００人規模にまで拡大している。そういった話をすると「凄いですね。私には到底できません」といった答えが返ってくることが多い。そのような時に、私は「3人↓28人↓１０００人と考えるのではなく、矢印の向きを逆に捉え、3人↑28人↑１０００人と考えてほしい。**どんなに大きな活動も、最初は小さな1歩からはじまる。**ぜひ、そんな1歩を踏み出してほしい」と伝えている。

私は座右の銘となる言葉と出会い、この言葉を教えてくれた吉田さんの行動する姿を見て、「行動できる人財になりたい」と思うようになった。そして、「若手に外とつながる場を創りたい」という想いを、行動することで東北ＯＭという形にし、さまざまな成果を生み出すことができたのである。最初の1歩は本当に小さな1歩で構わない。東北ＯＭも、元々はわずか3人から始まった活動だ。大切なことは動きはじめること。行動を起こせずにいるみなさんもぜひ小さな1歩から踏み出してみてはどうだろうか。

小さなことからはじめる勇気、はじめたことを大河にする根気

　これはオフサイトミーティング（以下、「ＯＭ」）の生みの親で、自治体職員によるＯＭ活動の応援団長でもある北川正恭さんの言葉である。北川さんは、三重県知事時代に仕事以外の時間を利用して職員と対話する場を創った。これがＯＭであり、仕事として行う活動＝オンサイトに対して、仕事外で行う活動＝オフサイトということでＯＭと名付けられた。北川さんによれば、自治体改革の先駆的取り組みとして有名な三重県の改革は、このＯＭを徹底的にやったことにより実現したということである。こうした経緯から、北川さんは、東北ＯＭといった自治体職員が自治体の垣根を越えて仕事外で自己研鑽に励むＯＭ活動を、心から応援してくれている。そうした意味での応援団長なのである。

　さて、話を冒頭の言葉に戻そう。**想いを形にし、新しい価値を生み出すためには、勇気を出して最初の1歩を踏み出し、さらに、その活動を根気よく継続していく必要がある。**そのことを、北川さんの言葉は的確に表現している。私自身も、東北ＯＭの活動を通して、「はじめること」と「続けること」の大切さを強く感じると共に、この2つの要素をうまくやっていくための自分なりの秘訣を見出すことができた。そこで、これまでの活動から学んだ「はじめること」と「続けること」の秘訣を、みな

さんに伝授したいと思う。なお、この秘訣はＯＭ活動にだけ当てはめることではない。すべての活動、ひいては仕事にも当てはまることだと私自身は感じている。

・まずは少人数で

「はじめること」の秘訣は３つある。**第１の秘訣は、少人数の仲間をつくることだ。**新しいことをはじめる時に、仲間は絶対に必要である。一人の力には限界があり、それを補ってくれるものが仲間の存在だ。自分が有していない能力を持った仲間と組むことによって、その活動を成功に導く可能性は格段に高まるだろう。また、新しいことをはじめようとすると、必ずうまくいかない時があり、それが原因で心が折れ断念してしまう場合もあるが、仲間がいれば、そうなる前に、励まし、支えてくれるだろう。こうした意味で、仲間の存在は新しいことをはじめるうえで重要なファクターとなる。

さて、ここで仲間のことで問いたいことがある。みなさんは「新しいことをはじめる時に、仲間は多い方がよい」と思っていないだろうか。しかし、それは間違いだ。第１の秘訣で忘れてはいけない**大事なポイントが、「少人数」ということである。**新しいことをはじめる時には、その活動を行う目的や意義を仲間うちで共有化し、同じ方向を向いて動き出す必要がある。一方で、物事に対する考え方は千差万別、人それぞれでもある。そのため、仲間が多くなればなるほど考え方も多様になり、チームとして統一した考えをまとめることが難しくなる。つまり、最初から仲間が多いと、活動の目的が定まらなくなってしまい、その結果、立ち上がる前に空中分解してしまう可能性も高くなるということなのだ。こうした状況を避けるためにも、最初は２、３人、多くても５人程度の仲間と想いを共有し、活動の骨格が定まった段階で、少しずつ仲間を増やしていくことが望ましいと私自身は考えている。

・身近な目標

第２の秘訣は、身近な目標を立てることだ。山登りをはじめる際に、いきなり富士山やエベレストから登る人はいないだろう。まずは、里山など、初級者向けの山から登るはずである。それと同じで、新しく何か活動をはじめる時には、最初から高い目標を掲げないほうが賢明だ。**最初から高い目標を掲げてしまうと目標を達成する前にリタイアしてしまう可能性が高くなる**のである。

新しく活動をはじめる際には、目指すべき到達点（目標）を設定することが大切だ。そのときには、山登りで近くの里山から登りはじめるように、身近で達成できそうな目標を立てるようにしよう。そして、その目標が達成したら、その目標よりちょっとだけ高い次なる目標を掲げて取り組む。このプロセスを繰り返すことで、小さな成功体験が積み重なっていく。その小さな成功体験が自信となっていき、その自信が活動の質を高めることへとつながるのである。

・期日を定める

最後に、**第3の秘訣は、期日を定めることだ。**なお、この秘訣は「日を決めることの大切さ」を伝える長野県塩尻市職員の山田崇さんの講演を聞いたときに気づいたことである。東北OMの活動や講演会などにおいて、いろいろな方から「いつか東北OMのような活動をはじめたい」という話をよくお聞きする。しかし、残念ながら「いつか」という言葉を使った人ほど行動を起こす例は少ない。それは**「いつかやる」は「いつまでもやらない始まりの言葉」**だからである。この話を妻にすると、「あなたのダイエットみたいね」と言われるが、まったくそのとおりで、私のダイエットは一向に進んでいない。

それでは「いつか」を使うと、なぜ物事がはじまらないのだろうか。それは、「いつか」が「未来の不定の時」を表わす言葉だからである。つまり、時が定まっていないために、「いつか」という言葉を使えば、いくらでも先延ばしにすることができる。きっと、それが甘えになり、行動を起こさない原因となるのだろう。これに対して、東北OMの発足は違っていた。発起人3人で勉強会立ち上げの話をした時には「3か月後の5月までに立ち上げよう」とまず期日を定めたのである。これにより、日程的な目標が定まり、活動をはじめるまでの具体的なプロセスを意識することができた。それが実際に行動を起こすきっかけとなったことを考えると、東北OM発足に関して最も重要な成功要因は期日を定めたことだったのかもしれない。

ここまで3つの秘訣についてお話ししてきたが、最後にまとめとして、東北ＯＭに当てはめて説明してみよう。東北ＯＭの活動は3人の発起人からはじまった。つまり、3人という少人数の仲間内でスタートを切り、その3人がある程度活動の方向性を定めながら仲間を増やしていったのである。また、発起人3人のあいだでは「誰も賛同者がいなければ、発起人3人で勉強会をはじめよう」という話になっていた。つまり、最初の目標設定は「とにかく勉強会を開催する」というものだったのである。これが「参加者100名を集めた勉強会」にしていたら発足まで至っていない可能性が高い。最後に、「3か月後の5月までに」という発足時期を定めたが、これを「賛同者が50名集まったら」といった発足条件を期日以外のものにしていたら、きっと途中で頓挫していただろう。

最後に、何か新しいことをはじめようとしているみなさんに伝えたいことがある。それは、**思っているだけでは何もはじまらない**ということだ。行動を起こすからこそ、新しいことをはじめることができる。そのとき、東北ＯＭのように、まずは同じ想いを持つ少人数の仲間とつながり、身近な目標を立て、行動を起こすまでの期日を定めてほしい。そうすることで勝手に体が動き出し、想いを形にするための行動へとつながっていくだろう。

「はじめること」と「続けること」

新しい価値を生み出すためには、この２つの要素が大切だ。そこで、まずは「はじめること」の秘訣をお伝えしたが、次に「続ける」ことの秘訣について、私なりの考えをみなさんに伝授しよう。

東北ＯＭの活動をはじめてから、かれこれ10年以上が経過した。３人の発起人の思いつきではじまった活動も、今では会員数が１０００人規模となり、定期的に開催している勉強会も35回を超えている。これらの点から、東北ＯＭは、10年間という年月を掛けて、質、量ともに成長し続けたと私自身は感じている。

しかしながら、その道のりは決して順風満帆であったわけではない。キックオフミーティングに参加した12人の初期メンバーのうち、5周年記念のいわき勉強会に参加したのは、私を含めて２人のみ、6周年の山形勉強会に至っては、私のみという状況だった。ちなみに、この山形勉強会は皮肉なことに東北ＯＭ史上最も多い３００名を超える参加者が集まったイベントだったのである。初期メンバーも時々は顔を出してくれるため、まったく関わりがなくなったというわけではないが、中心メンバーが入れ替わっていることは紛れもない事実である。実は、ここに東北ＯＭの強さの一端があると私は感じている。つまり、中心的役割を担うメンバーがいなくなっても、同じような役割を担うメンバーが次から次へとあらわれるということは、志高き人財が継続的に集まる場になっているということである。これこそが、東北ＯＭが成長し続けることができた最大の要因に違いない。

・「共感」の重要性

それではなぜ、東北ＯＭに志の高い人財が集まり続けるのだろうか。その理由は、東北ＯＭの活動で一貫して大事にしてきたことが大きく影響していると私自身は感じている。その一貫して大事にしてきたこととは何か。それは、「共感」を発信し続けることだ。そうした意味では、「共感」が、活動の継続にとって重要なファクターだといえる。そこで、「共感」というキーワードを使って「続けることの秘訣についてお話しすることにしよう。

私が「共感」の重要性を感じるようになったのは、佐賀県武雄市の前市長・樋渡啓佑さんとの出会いがきっかけだった。東北ＯＭ発足から1年半ほど経った２０１０年12月、自宅で何気なくテレビを見ていると、ドラマ「佐賀のがばいばあちゃん」の誘致や市立病院の民間移譲など、武雄市の取り組みを紹介する番組が放送されていた。この番組には当時同市の市長だった樋渡さんも出演していたが、その話を聞いて、世の中に、こんな面白い市長がいるんだと感動し、ツイッターでフォローした。そして、その後、直接メッセージで東北ＯＭへの出演をお願いしたところ、快く引き受けてくれたのである。それからしばらく経ったある日、「今度、議員研修の講師として宮城県登米市に行くので、後藤さんも参加してみないか」との誘いを受けた。この誘いに対し、私は喜び勇んで登米市にお邪魔したのだが、その時、聞いたお話が、**「これからは情報ではなく、共感を発信する時代だ」**という「共感」の重要性を説くものだったのである。

この樋渡さんの話を、もう少し詳しく紹介しよう。インターネットがまだ普及していない時代は、テレビで飲食店が紹介されると、それだけで翌日にはその店に行列ができた。つまり、テレビの情報が人々の行動に大きな影響を与えていたということである。しかし、今は違う。テレビで紹介されたあと、インターネットで検索し、誰が美味しいと言っているのか確認するプロセスが増えた。つまり、「情報」に加えて、「この人が美味しいと言っているなら間違いない」という「共感」が行動規範となったのである。この樋渡さんのお話を聞いて以降、私は「共感」を強く意識するようになったのである。

・「感謝」と「感動」

それでは、私は東北ＯＭにおいて、どのような方法で共感を発信しようとしたのか。次にそのことについてお話ししよう。「共感」の発信において、私が大切にしてきたキーワードが2つある。それが「感謝」と「感動」である。この2つのキーワードを意識した行動を行い、東北ＯＭの魅力度を高めることで、共感を発信しようと考えたのである。この2つのキーワードを意識した理由は、地域おこしの代表的な事例として有名な鹿児島県鹿屋市の「やねだん」の中心人物・豊重哲郎さんよりお聞きした**「人の心を動かすのは感謝と感動だ」**という話に由来している。それでは具体的にどのようなことをして「感謝」と「感動」を実践したのか。まず「感謝」についてだが、東北ＯＭに入会した方や勉強会に参加した方などには、可能なかぎり迅速にお礼のメールをするようにした（この点については、後段でもう少し詳しくお話しする）。また「感動」については、東北ＯＭメンバーが「この人がゲストで来たら嬉しいなぁ」と思うような魅力的な講師の招聘や、東日本大震災後に福島県以外の46都道府県から福島県への応援メッセージを集めて動画を製作し、勉強会の最後にエンディングムービーとして流すといった感動的な演出などを実践した。これらの取り組みから東北ＯＭの活動が魅力的なものだと感じてもらい、それを共感へとつなげていきたいと私は考えていたのである。

・信頼という付加価値

このように、私は「共感＝魅力的」と考え、「感謝」と「感動」により魅力度を高める取り組みを継続的に行ってきた。しかし、東北ＯＭの活動を続けていくうちに、「共感」には、「魅力」に加え、もう一つの重要な要素があることに気づいた。それが「信頼」だ。つまり、**「共感＝魅力的＋信頼性」**と考えるようになったということである。いかに、魅力的なことを発案しても、その人が周りの人から信頼されていなければ共感の発信にはつながらない。仮に発信できたとしても、その共感度は大きく割り引かれたものになるだろう。しかし、信頼性の高い人の提案であれば、あまり魅力的なものでなくても、信頼という付加価値がつき共感度が増す可能性がある。場合によっては、そのアイデアをみんなでよくしようという支援の輪が広がり、結果として魅力アップにつながることも考えられる。

ふり返れば、東北ＯＭの活動において、魅力度アップのために実践してきた「感謝」を表わす行動は、「魅力的」というよりは「信頼性」を高める効果が高かったように感じる。次項で詳しく話をするが、私は、東北ＯＭの活動に関して、例えばイベント開催時に翌朝まで参加者全員にお礼のメールを送信するなど、活動に関わる方々に丁寧な対応をとるよう心掛けていた。このような行動が、東北ＯＭや私に対する信頼度を高めたことは間違いない。そして、その信頼度アップが、東北ＯＭの活動に繰り返し参加するリピーターの獲得や新規参加者の開拓につながり、さらに東北ＯＭの継続的な成長へとつながっていったのである。

私が勉強会の翌朝までにお礼のメールを送ったような行動を、私は**「人がやらない面倒なことで自分が実践できること」**だったと思っているが、このような行動が、人からの評価や信頼性を高めるうえで重要だと感じている。きっとみなさんにも、「自分ができる面倒なこと」があるはずだ。それを見つけて実践することをおススメしたい。なお、このことについて、次頁で、もう少し深掘りしていくことにしよう。

自分ができて、人がやらない面倒くさいことをする

これが東北ＯＭの活動を通して、私が発足当初から実践してきたことである。そして、東北ＯＭのリーダーとして、こうした行動をとったことが、東北ＯＭや自分自身に対する評価や信頼度を高め、東北ＯＭの継続にもつながっていったと感じている。

なお、私は東北ＯＭの代表と紹介されるときがあるが、これは誤りだ。なぜならば東北ＯＭには代表といった役職が存在しないからである。ただし、運営委員会の取りまとめなど、私がリーダー的な役割を発起人の一人として担ってきたこともまた事実である。

・感謝の気持ちを感動で返す

私がリーダー的役割を果たすために重視してきたことが3点ある。1点目は**感謝の気持ちを感動でお返しすること**だ。これは、前述した「やねだん」の豊重さんから教わった「人の心を動かすのは感謝と感動」を参考に自ら実践していることでもある。今と異なり、発足当初は勉強会の参加者といっても50人程度だった。このくらいの人数だったからできたことではあるが、イベント開催時には、そ

のすべての参加者に「参加してくれてありがとう」という気持ちを込めて、勉強会終了後、翌朝までにお礼のメールを送るようにしていた。しかも、一斉送信はせず、一人ひとりに個別のメールを送付していたのである。私は「人は誰もが特別視されたい」という欲求を持っていると感じている。そのため、一斉送信のメールが届いても、個別のメールが届くほどの感動は湧き上がらないだろう。だからこそ、私は感謝の気持ちをより多くの感動でお返しするため、個別にメールを送るようにしたのである。また、個別に送るメールには、「〇〇年ぶりの再会嬉しかった」や「△△市から遠路はるばる参加してくれてありがとう」など、可能なかぎり、相手の立場や状況に合わせた内容を盛り込み、より特別視していると感じてもらえるよう工夫した。現在、東北ＯＭで開催するイベントの参加者数は１００人を超えることもあるため、さすがに翌朝まで全員にお礼のメールを送ることは難しくなったが、それでも可能なかぎり個別に対応するよう心がけている。このように、**一人ひとりに丁寧な対応をとり、感謝の気持ちを感動でお返しすることもリーダーの大事な役割だ**と私は感じている。

・連絡には迅速に対応

２点目は**連絡に対して迅速に対応すること**だ。私の好きな言葉に「スピードこそ、最大の付加価値」というものがある。これは私が尊敬している樋渡啓祐さんから教わったもので、行動指針の１つとなっている言葉である。自分自身の行動がより付加価値がつくよう、私は可能なかぎり、レスポンスの早い対応を心掛けている。「東北ＯＭへの入会手続きを行っていただくと、その日のうちに、遅くとも3日以内に嬉しいものが届きます。それは何か。私からの心温まるメールです」などと言って、東北ＯＭの事例報告などでよく笑いをとっていたが、その言葉のとおり、東北ＯＭへの入会申込や、イベントへの参加申込などに対しては、即日、遅くとも2日以内には返信するように心がけ実践してきたのである。**礼を尽くす方法はいろいろとあると思うが、相手からの連絡に対して、すぐに対応することも、その有効な方法だ**と私自身は感じている。

・現地に行く・直接会う

3点目は**現地に足を運ぶこと**だ。「東北ＯＭに関心がある」といった声を聞きつけると、必ず、現地に足を運び、その地域の方々とフェイス・ツー・フェイスの関係を構築するようにしてきた。ＳＮＳの普及により、つながりを創ることや維持することは以前より容易にできるようになった。しかし、ＳＮＳはあくまでもつながりづくりを補完するツールに過ぎない。そのため、直接会うこと以上に、その人との関係性を強めることはないと私自身は感じている。また、つながりは持つものではなく、活かすものである。そして、**つながりを活かすためには、「つながり」を「絆」に進化させる必要がある。**「絆」と「つながり」の違いは何か。それは相手との関係性のなかに「信頼」という要素があるかないかの違いである。信頼関係はＳＮＳでのやり取りだけで生み出されるものではなく、直接会い、腹を割って話をしなければ築くことはできないものだろう。私は数時間の打ち合わせと懇親会のためだけに、遠隔地に足を運んだ。このような行動があったからこそ、多くのみなさんとの関係性を構築することができたのである。

東北ＯＭのリーダーとして実践してきたことを、私は特別なことだとは思わず、何気なく実践してきた。ただ、他者からは「なかなかできないことだ」と言われることもあった。そのようななかで、私は「死ぬまでに一度は行ってみたい世界の図書館15」に選ばれた長野県小布施町立図書館「まちとしょテラソ」の前館長・花井裕一郎さんの講演を聞く機会があった。その際、花井さんから「この図書館が評価を受けたのは、おもてなしが行き届いているから。おもてなしとは面倒くさいことの繰り返し。オープン前に住民との対話を何回も繰り返し行ってきたからこそ、図書館のあちらこちらに住民の想いを散りばめることができた。そのことが高い評価につながっている」という話を聞いた。そのとき、私はハッと気づいたことがあった。それは「自分ができて、人がやらない面倒くさいことをすると自らの活動などに対する評価が高まるのではないか」ということだった。

花井さんに比べると、私の実践は小さなことだ。しかし、誰もが実践していることではない。それが人々の心を打ち、信頼や評価へと発展しているのだろう。なお、よく受ける質問のなかに「後藤さん以外で、人がやらない面倒なことをしている人を知っていますか。また、その人は、どのようなことを実践していますか」というものがある。そのときに、私はわかりやすい事例として、友人が実践していることを紹介している。彼が実践していること。それは出会った人に必ず手書きのハガキを送るという行動だ。私のように迅速性には欠けるが、手書きの便りには、電子メールでは味わえない温かさがある。そのことを知り、これもまた「人がやらない、自分ができる面倒なこと」だと感じた。おそらく一人ひとり、人があまり実施しないことで、苦にせずできる面倒なことが一つや二つあるのではないだろうか。ぜひ、みなさんも「自分ができて、人がやらない面倒くさいこと」を探し、実践してみてほしい。きっとみなさん自身の評価や信頼が高まることだろう。そのことを実感してほしい。

3→28→1000

これは東北ＯＭにまつわる数字である。勘のよい人ならすぐに気づくかもしれないが、答えは、東北ＯＭ発足から現在に至るまでのメンバー数の変遷である。２００９年２月に発起人３人の思いつきによりはじまった活動は、同年6月の発足時期までに28人もの仲間を集めた。１年後には２００名までメンバー数が増え、50人規模のイベントを開催できるまでになった。発足２年後に東日本大震災が起きたが、それまでに、東北ＯＭの輪が東北６県すべてに広がっていたため、被災の有無に関わらず、多くのメンバーが震災を自分事として感じることができた。これにより、東北ＯＭは復興支援に向けた活動に精力的に取り組むことができ、「東北のために何かしたい」と思う方々の受け皿になることができた。これが東北以外の地域からも多くの志高き人財が東北ＯＭに集うことにつながり、気がつけば発足４年目にはメンバー数が６００名程度になっていた。情報交換のツールが、メーリングリストからフェイスブックに移行したことに伴い、メーリングリストへの登録による会員管理を行っていないため、いまは正式な会員数はわからない。ただ、東北ＯＭに関わる人は、おそらく１０００人を超えているだろう。そう考えると、この10年間でメンバー数は30倍以上も増加したことになる。また、メンバー数の増加に伴い、さまざまな活動に取り組むことができるようになったことを考えると、量的増加が活動の質的向上にもつながっている。

・東北ＯＭ成功の要因

それでは、なぜ、東北ＯＭはここまで成長することができたのだろうか。私が考える東北ＯＭの成功要因は４点あるが、これらは他の活動にも応用可能である。そこで、東北ＯＭの成功要因から地域活性化や組織づくりなどを活性化する方法を考えてみたい。

① 優秀なフォロワーの存在

東北ＯＭに代表はいない。しかし、現実的には、私が発起人の一人としてリーダー的な役割を担っている。東北ＯＭの成長に関して、私が果たしてきたリーダーとしての役割も一定程度あったことは間違いない。しかし、それ以上に重要な役割を果たしてきたものが、フォロワーの存在だったと私自身は感じている。例えば、岩手県でイベントを開催しようとしたときには、内陸部にも、沿岸部にも、中心となり動いてくれるメンバーがいた。もちろん、そのような状況は岩手県だけでなく、他県でも同様である。また、メンバー数を増やすため情報発信を行いたいと考えたときに、ニューズレターの製作スキルを有するメンバーがいたために、発足当初から定期的にニューズレターを発行することができた。これが東北ＯＭのメンバー増加に大きく貢献することになったのである。

このようにリーダーシップや多様なスキルを持つ優秀なフォロワーが東北各地に存在し、彼らが持つスキルや人脈を駆使しながらさまざまな活動に取り組むことができた。このフォロワーの存在があったからこそ、東北ＯＭは活動範囲を徐々に広げることができ、それが質量ともに成長することにつながったのである。

② 活動が身近で刺激的、かつ感動的

これまで東北ＯＭでは東北各地で35回を超える数の勉強会を開催してきた。勉強会のテーマは、毎回、異なっているが、地域活性化や公民連携など、どれもメンバーが関心を持つような身近なテーマを設定している。また、東北ＯＭには、自治体改革にいち早く取り組んだ元三重県知事の北川正恭さんや市立病院の民営化など斬新な政策を次から次へと展開した佐賀県武雄市長（当時）の樋渡啓祐さん、対話によるまちづくりを実践し、マニフェスト大賞のグランプリを受賞した静岡県牧之原市長（当時）の西原茂樹さんなど、毎回、ワクワクするようなゲストスピーカーを招聘してきた。また、ゲストだけでなく、東北ＯＭには、東北6県はもちろん、遠くは九州や四国など、東北以外の地域からもたくさんの志高き人財が集まるため、勉強会に参加するだけでたくさんの刺激を受けることができる。このように、身近で、刺激的な場を参加する人々に提供してきた。このような身近で刺激的とい

う要素も大切だったが、それ以上に多くの人を惹きつけたのは感動の提供だったと私は感じている。「参加してくれたことに対する感謝の気持ちを感動でお返ししよう」と、勉強会のエンディング等で流す動画やサプライズ企画など、「東北ＯＭに参加してよかった」と心から感じてもらえるような感動的な演出を毎回のように実施した。これらの要素がリピーターを増やす要因になったのである。

③　誰もが主役になれる仕掛けづくり

東北ＯＭには、学生や自治体職員になったばかりの若者も多数参加している。このような10代から20代の若手メンバーにあえて大事な役割を任せる。例えば、東北ＯＭ勉強会で最も多い３００人が参加した山形勉強会では、入庁2年目の山形市職員が司会を務めた。また、復興支援の活動に取り組んでいる学生メンバーなどには、勉強会において事例報告を行う機会を積極的に創っている。また、若手ばかりではなく、入会したばかりのメンバーにも、同じように大事な役割を任せてきた。そこにはある狙いがあった。それは、「まだ経験が浅い」という理由から「自分なんて」と思うメンバーにあえて大事な役割を任せることによって、彼らが東北ＯＭの活動を自分事として考えてくれるようになると思ったからである。このような誰もが主役になれる仕掛けづくりを行うことで、多くのメンバーが東北ＯＭに主体的に関わるようになる。それが、東北ＯＭの参加率を高め、活動の盛り上がりにつながったと感じている。

④ メンバーそれぞれのスタンスに合わせて参加可能

東北ＯＭの活動は仕事でも、家庭のことでもない。そのため、参加を強制されるものでは決してない。人生にはいろいろな時期があり、仕事が多忙を極める時もあれば、育児に追われる時もある。また、モチベーションが落ち、プライベートの活動に参加したくない時もあるだろう。こうしたときに参加を強制すれば、東北ＯＭばかりではなく、仕事と家庭以外のコミュニティの活動全般に嫌悪感を持ってしまうだろう。そうならないよう「敷居は低く、されど、志は高く」というコンセプトのもと、それぞれのスタンスに合わせて自由に参加できる雰囲気づくりを大切にしている。これもまた、メンバー数が増加した要因の１つとなっているだろう。

これらの成功要因は地域や組織づくりにも応用可能だ。例えば地域を活性化していくために、リーダーの存在は不可欠だが、それに加えて、リーダーを支えるフォロワーの存在も重要である。どんなに優秀なリーダーであっても一人でできることには限界があり、また、フォロワーがいなければ、リーダーが不在になった時に活動が継続できなくなる。

一方で、地域づくりにとって重要なことは、いかに住民が地域のことを自分事として考え活動に主体的に関わるか、ということである。もし活動が身近で刺激的で、かつ感動的であれば、次回も参加したいという気持ちを助長させ、さらに、主役になれる仕掛けづくりを行うことで、その活動に、より積極的に参加するようになるだろう。逆に、活動を強制してしまうとやらされ感が募り、地域の活動に関わろうとする気持ちを妨げてしまうことになる。

このように東北ＯＭの成功要因はどのような活動にも当てはまる。そのため、ぜひ、仕事や自主研修など、みなさんが日ごろ取り組んでいるさまざまな活動に応用して欲しい。きっと何らかの良い効果が得られるのではないだろうか。

どうしたら若手職員を巻き込むことができるのか？

自主研に取り組むと必ずと言っていいほど、この課題にぶつかるだろう。私も山形市役所内で仲間と協力しながら「やまがた夜カツ勉強会」と名付けた自主研を開催しているが、他のグループ同様、この課題に日々直面し解決策を模索している。以前、その答えを導き出すうえで重要なヒントを与えてくれるイベントがあった。それが２０１６年11月にさいたま市で開催された第５回関東自主研サミットだったのである。

関東自主研サミットとは、社会をよりよくしていくための自主研活動の広がりを目指し定期的に開催しているイベントで、毎回、関東各地で自主研に取り組んでいる公務員などが集まり、共通の関心事についてゲストスピーカーの話などを踏まえながら意見交換を行っている。当サミットの企画運営は有志が実行委員会を立ち上げ行っているが、その中心人物が、私にとって自主研活動の盟友でもある坂本勝敏さん（神奈川県大和市職員）だ。このサミットにはこれまで私も深く関わっており、２０１３年に横浜市で開催された第1回サミットを皮切りに、遠隔地での開催にも関わらず可能なかぎり参加してきた。また、２０１８年には関東自主研サミットの実行委員会メンバーと連携し、関東自主研サミットの全国版ともいえる全国自治体職員ネットワークサミットも開催している。

さて、話を第5回サミットに戻そう。この時のテーマは「若手×中堅＝自主研の未来」。あやめガールズを結成し水郷・潮来を盛り上げるために活動している小林由加さん（茨城県潮来市職員）、まちづくりカフェの開催などを通して川崎の〝まち〟と〝市民〟を活かした活動に取り組んでいる奥貫賢太郎さん（神奈川県川崎市職員）、全国各地に飛び出し学びの場を求めさまざまな活動に取り組んでいる佐々木絵理さん（青森県弘前市職員）という地域活動を実践している3人の若手自治体職員をゲストに迎え、事例報告とパネルディスカッション、そして、ワールドカフェを行うという内容だった。この3人の若手自治体職員に加え、普段から自治体職員の自主研活動を間近で見ている月刊ガバナンス副編集長（当時）の三海厚さんが基調講演の講師を務めることや、パネルディスカッションのコーディネーターを現在中野区長である酒井直人さん（当時は東京都中野区職員）が務めることなど、大変魅力的なゲスト陣だったことから、私は各駅電車を乗り継ぎ山形からさいたま市まで足を運ぶことにした。

・参加しない理由は主催する側に問題が

このサミットでは素晴らしい出会いもあった。「よんなな会」を主催する脇雅昭さんと初めてお会いすることができたのである。ワールドカフェでは、脇さんと同じグループになることができたが、そのときのテーマは「どうして若者が自主研に参加しないのか」といったものだった。この質問に対して私は「若手職員が自主研に参加しないのは、その活動に参加したいと思えるほどの魅力がない、あるいは魅力があったとしてもその魅力を伝えきれていないからだろう」と意見を述べた。ワールドカフェがはじまり私が即座にそう答えられたのには理由があった。実は、このワールドカフェに入る前に偶然にも脇さんから同じような質問を受け、若者が自主研に参加しない理由を若者側に求めるのではなく、主催するわれわれ側に求める必要があるとの意見で一致していたからである。

多くの人が何度も訪れる、いわゆるリピーターが多い施設として東京ディズニーランド（以下、「ＴＤＬ」）がある。なぜＴＤＬに人は何度も足を運ぶのだろうか。それはＴＤＬが魅力あふれる感動的な場所だからである。そう考えると、自主研がＴＤＬのようにワクワクする魅力的な場になれば若者は自ずと足を運ぶようになるということである。逆に、そういった場所にする努力もせずに「こんなに良い活動なのに、なぜ若者は参加してくれないのだろう」と嘆くことは、相手のニーズと合致しない自己満足の活動を助長させてしまう原因になるだろう。そうならないように、**若者目線に立ち、まずは彼らがどういった活動を欲しているのか考え、その想いに応えるような活動に取り組む努力をすべきなのである。**

その一方で、若者を呼び込みたいという理由から、若者に迎合し本来の目的と違う活動をしていては意味がない。詳細は第4章で話をするが、以前、私も若手職員を巻き込もうと彼らが喜びそうな仕掛けを考えたが、その想いが強すぎたあまり、本来、自主研を通して若手職員に感じてほしいと思っていたことが伝えきれなかった苦い経験がある。おそらく、自主研に取り組む多くの人たちが、このあたりの葛藤を抱えながら活動しているのではないだろうか。

また、自主研に取り組む人のなかには「後進に道を譲り、あとは若い人に任せる」と発言する方もいる。しかし、その人の活動を継ぐかどうかを決めるのは若者たちである。「世代交代が必要」という思いは、もしかしたら「そうした活動が必要」というものではなく、「その組織（取り組み）を残したい」という先輩世代のエゴなのかもしれない。東北ＯＭを続けていくなかで、私はそう感じるようになった。

・一生懸命やり切る姿を後輩に見せる

それでは、先輩世代が若者のためにできることは何だろうか。この問いに対する私の考えは「いま、自分に課せられていることを一生懸命にやり切る姿を見せる」というものだ。自分が若かった時をふり返ると、目の前のデキル先輩職員の姿を見て「こういう職員になりたい」という思いや憧れがモチベーションを高めていたように感じる。そう考えると、その憧れていた先輩のような存在に自分自身がなる努力をすることがまずは大事なのではないだろうか。もしかしたら、その姿を見て後輩たちが自主研に参加するようになり、場合によってはその活動を引き継ぎたいと思うようになるのかもしれない。さらに、そうした後輩のなかには、先輩の想いを引き継ぎながら別の活動にも取り組み活動の幅をさらに進化させるスーパー後輩もあらわれるかもしれない。いずれにしても、そんな後輩たちの選択を温かく見守り、見えないところでサポートすることが先輩の務めでもある。「もういい歳だから」と年齢を言い訳にせず、いつまでも若手に負けないよう全力を尽くし、そして、若手に一目置かれる存在で居続けることで、若手のやる気を引き出したい。この関東自主研サミットに参加し、私は改めてそう感じることができたのである。

最後に、せっかくなので第5回関東自主研サミットにおいて3人の若者が語った言葉のなかで私が印象に残っているものを紹介しよう。

小林由加さん

「マンネリ化せず、ブラッシュアップしていく。『できない』と言う前に、まずは『やってみよう』」

奥貫賢太郎さん

「公共がビジネスになる時代。課題先進国は危機でありチャンス。そうした時こそ、若手の出番。」

佐々木絵理さん

「若手自治体職員としての心得（仕事編）

①基本業務を完璧に＆相手の歴史を知ること、②基本的なコミュニケーションの積み重ね、③相手の段階に合わせた成功体験の共有と機会創出

〝できる〟からはじめる　〝できること〟からはじめる

似ているようだが大きく違う。「こと」がつくだけで2つの言葉は全く違う意味となる。この似て非なる2つの言葉を、私は新しいことをはじめる際の「自分に問いかける言葉」として大切にしている。

・「できる」という意識を持つ

この2つの言葉を比較すると「〝できること〟からはじめる」はよく耳にするが、「〝できる〟からはじめる」はなかなか聞き慣れない言葉ではないだろうか。

「〝できる〟からはじめる」という言葉は、２００１年に福岡市ではじまった全庁的業務改善運動であるＤＮＡ運動に関連したものである。福岡市は運動を進めるにあたり、Ｄ・Ｎ・Ａという言葉に因んだ3つのキャッチフレーズを定めたが、そのうちの1つが「Ｄ：〝できる〟からはじめよう」だったのである。この言葉をはじめて聞いた時、私は正直「〝できること〟からはじめよう」と勘違いをした。それは私自身行動することが何より大事だと感じていたため、きっと福岡市も「実践」という意識を職員に求めていると勝手に思い込んでいたからである。しかし、その後、ＤＮＡ運動の担当課長を務めていた吉村慎一さんにお会いし、それが間違いだと気づかされた。吉村さんは「〝できること〟じゃない。〝できる〟からはじめることが大事なんだ」と2つの言葉の違いを強調したうえで、「この言葉には〝できない〟という意識を捨て、〝できる〟という気持ちを持つことにより、職員一人ひとりが『できない理由』ではなく、『できる方法』を考え改善に取り組んでほしいという想いが込められていた」と私に話してくれた。その話を聞いて、私は事を起こすためには、それ以前に「できる」という意識を持つことの大切さに気づくことができたのである。

・「できない理由」を考えがちだが

新しいことをはじめる際には、いろいろな困難にぶつかる。例えば自治体の場合であれば、地域住民への説明や利害関係者との調整、予算を伴う際には財政部門との協議なども行わなければならないだろう。これはプライベートの活動でも同様で、企画書を作成し協力者を募り財源を確保するなど、何かと面倒なことが待っている。また新しいことをはじめることは、時に今までのやり方を大きく変えなければならない場合もある。しかし、人は根本的に変化を好まない。そのため、総論的には変化してほしいと思っていても、自分に影響が及ぶと急に今までどおり何ごともなく時が過ぎ去ってほしいと考えるようになる。長い間、自治体職員として歩んできたが、新しくはじめることに総論では賛成していても、わが身に負担が降りかかってくると突然反対するという総論賛成各論反対の場面に何度も遭遇してきた。そのため、新しいことをはじめる時には、こうした難しい局面を打開していくことも求められる。

新しいことに取り組むからこそ煩わしいことに巻き込まれる。逆にいえば、新しいことをはじめなければ、煩わしいことがわが身に降りかかってくることはない。そのため、**人は面倒なことを避けるために知らず知らずのうちに「できない理由」を考えがちになる。**私自身も「予算がない」「この仕事はうちが所管している業務ではない」など、できない理由を挙げ新たな仕事を回避しようとした経験が何度もある。そのような自分を戒める意味で、この言葉と出会って以降、**新しいことにチャレンジする時や新しい仕事が降りかかってきそうな時に、私は「〝できる〟からはじめる」を心がけている。**

〝できる〟という意識を持ち、その方法を考えた後にすべきことは、その実現に向け行動を起こすことである。いくら良いアイデアが浮かんだとしても、頭のなかでイメージしているだけでは何の価値も生み出すことはできない。行動するからこそ、新しい価値は生み出せるのである。そして、この行動を起こす際に重要なポイントが「〝できること〟からはじめる」だ。例えば、最初から大きな成果を目指し困難なことから取り組みはじめると、それだけ失敗する確率が高まり途中で頓挫してしまう可能性も高くなる。一方で、できることからはじめ、徐々に形を示していくことで周囲の理解も広がっていき、それが小さな成功体験へとつながっていく。その小さな成功体験が積み重なることで、さらに賛同者が増えるとともに、その活動の質も高まり描いたゴールに向け着実に前進することができるのである。

ここで私が「〝できる〟からはじめる」と「〝できること〟からはじめる」により新しいことをはじめた実践事例を紹介したい。行革部門にいるときに情報企画部門とともにオープンデータの導入を担当することになった。行財政改革プラン上は、翌年度にオープンデータの導入を予定していたが、私はホームページの更新に合わせて1年前倒しで導入作業を行ったほうが効率的だと感じていた。それはオープンデータの導入とホームページの更新には、ホームページへのデータ入力という共通する作業があり、それを別々に行うよりは一緒に行ったほうが無駄な作業を省けると考えたからである。そこで、私は〝できる〟という意識を持ち情報企画部門に1年間の前倒しを提案してみたが、なかなか首を縦に振ってくれなかった。そこで私は〝できること〟からはじめようと考え、他自治体の資料等を参考に利用規約など関連資料を作成したうえで関係課長会議などを開催し、導入に向けての足場固めを行った。すると、情報企画部門も徐々に協力的な対応をとってくれるようになり、最終的には各課で有するデータのＣＳＶ化など面倒な作業などにも取り組んでくれるようになった。その結果、1年間前倒しでオープンデータの公開を行うことができたのである。

今は地方創生の時代。私たち自治体職員には、これまでの既成概念に捉われない新たな政策を考え実行していくことが求められている。そのような期待に応えるためには**「〝できる〟からはじめる」という意識と「〝できること〟からはじめる」行動力**を身に付けなければならないだろう。そして、こうした2つのスキルを身に付けた前向きな職員が数多く存在している自治体ほど、きっと地域を元気にしていくことができるはずだ。みなさんも、この2つの言葉を自分自身に問いかけながら、新しいことにどんどんチャレンジしてほしい。そうすることできっと地域を元気にするための新しい価値を生み出すことができるだろう。

一人の百歩より百人の一歩

これは２０１７年8月に愛知県蒲郡市からの依頼を受けて行った業務改善に関する職員研修の演題である。この言葉には「組織として百歩前進するならば、一人が百歩進むより百人が一歩進むことが大切」という意味が込められており、組織としての生産性を高めるためには、一人のスーパー公務員による大きな改革よりも職員一人ひとりの地道な改善が重要だとする私の強い思いがあった。

「一人の百歩より百人の一歩」という言葉は、私が考えたものではない。元祖地域に飛び出す公務員として私が尊敬している山形県米沢市職員の相田隆行さんから教わったものだ。２０１７年6月に山形県尾花沢市で開催された山形ＯＭ勉強会でゲスト講師を務めた相田さんは「地域づくりは特定のリーダーだけが頑張ればよいものではなく、住民や関係者が互いの強みを活かし弱みを補い合いながらみんなで協力し合い取り組むことに意義がある」としたうえで、それをあらわす言葉が「一人の百歩より百人の一歩」だと参加者に話したそうだ。残念ながら私はこの勉強会に参加することができなかったが、後日、フェイスブックに投稿された講演レポートを見て、ふと「これは地域づくりだけではなく、役所内の業務改善ひいては組織としての生産性向上にも当てはまる言葉なのではないか」と感じ蒲郡市での研修の演題として用いたのである。

・身近な改善に波及効果がある

「業務改善」と聞くと、おそらく多くの方が数千万円の歳出削減や歳入増加などを思い浮かべるのではないだろうか。しかし、大きな財政効果を生み出す改善は宝くじに当たるようなものであり、滅多に起こるものではない。当然、担当する職員の資質や努力だけで容易に成し遂げられるものではなく、その時の状況や巡り合わせなど運に左右される部分も相当にある。その運を引き出す大きな要因が普段の努力ともいえるので、大きな改善効果の裏には職員の頑張りがあることは否定しない。しかし、ラッキーな要素がないと大きな財政効果を生み出す改善に取り組むことは難しいこともまた事実である。このような状況にも関わらず、改善とは大きな財政効果を生み出すことと考える自治体職員が多いのである。

実際に改善担当として仕事をしていると、一定の効果を挙げている事例にもかかわらず、財政的な効果が低いため「この程度では改善とはいえない」「業務改善発表会で発表するほどの改善ではない」といった消極的な声をよく耳にする。確かに、財政的な効果が大きければ大きいほど、組織全体に与えるインパクトは大きいだろう。しかし、前述したとおり、そういった改善は滅多に起こるものではなく、それだけに他部署や他自治体への波及効果はあまり期待できない。そのため、そういう事例のみを褒め称えてしまうと「○○課だからできた」、あるいは「○○さんだから取り組めた」といった改善を特別視する風潮が生まれてしまう。そうなってしまうと改善活動が敷居の高いものとなってしまい全庁的な動きにまで発展することは難しくなるだろう。

これに対し財政的な効果はそんなに大きくないが、**「誰もが気づきそうで誰もが気づかなかった」コロンブスの卵のような身近な改善**は、インパクトこそ小さいが波及効果は実に大きいものがある。その具体な事例が第1章で紹介した「にょーにょーぺーぱー」の取り組みである。

・百人の一歩が次なる一歩へ

米沢市の相田さんや私以外にも、職員一人ひとりの意識改革や行動変容の大切さを広めている自治体職員がいる。それが、財政健全化の伝道師として有名な福岡市職員・今村寛さんだ。今村さんは「一人の千歩より千人の一歩」という言葉を用いているが、これについてご自身の著書「自治体の〝台所〟事情〝財政が厳しい〟ってどういうこと?」（ぎょうせい）のなかで以下のように述べている。

「財政課長がたった一人のスーパーマンとして全て責任を背負ってその権限を行使するのではなく、『一人の千歩より千人の一歩』を合言葉に、全ての現場職員が『自分が首長だったら』と全体最適を考えることができる視点と情報を持ち、現場ごとに首長に代わって最適な判断が下せる、さまざまな課題を職員一丸となって乗り越えることができる、強靭かつしなやかな組織こそが、これからの自治体のあるべき姿ではないかと私は思います」

　スーパー公務員が大きな効果を生み出すことはとても素晴らしいことだ。しかし、それは一人に責任や負担を押し付けてしまうことにもなる。そのため、一人の百歩は一時的にみれば効果は大きいが、その効果は短期的なもので終わってしまう可能性も高いということである。一方で、百人の一歩は、一つひとつの効果としては決して大きくないが、それは組織内に共創と緩やかな競争の意識を生み出し、次なる一歩につながっていく。こうした組織づくりを行うことのほうが持続的な発展につながっていくのではないだろうか。「つながり」というと、市民や民間企業、あるいは他自治体との「つながり」をイメージしてしまうが、それ以上に大切なのは組織内の「つながり」である。組織内の「つながり」を強化していくことで、複雑化する社会課題や多様化する住民ニーズに対して組織横断的に取り組むことができる。そして、これが組織としての生産性向上につながっていく。だからこそ、自治体職員一人ひとりが「一人の百歩より百人の一歩」という意識を持ち、みんなで一緒になって地域を盛り上げていく組織風土を役所内に創っていくことが大事なのである。

なぜ、行政はマイナスのことを市民に伝えないのか

これは行政評価を担当していた頃から感じてきた疑問である。そもそも人は自分にとって都合の悪いことは話したがらない。そうした行動原理は当たり前のことなのかもしれない。しかし、役所の業績に関してはそうは言っていられないだろう。それは税金を納めている人たちへの説明責任を果たすことが自治体には求められているからである。

・良いものも悪いものも情報提供する

現在、自治体を取り巻く環境は実に厳しいものがある。そのため、限られた経営資源を効果的に配分し多様なニーズに応えていかなければならない。みなさんも「選択と集中」という言葉を聞いたことがあると思うが、いまは優先順位の高い施策や事業を選択し、それらに集中して経営資源を投入する時代なのである。

施策や事業に優先順位をつけている以上、自治体がすべての施策で業績を伸ばすことは難しい。質が高いサービスもあれば低いサービスもあることは当然のことだ。こうした現実をしっかり住民にも

伝えていかなければならないはずだが、自治体は業績の良いサービスをアピールすることがあっても、業績が悪いサービスの実績や理由を公表することは少ない。また、仮に公表したとしても、自分たちに都合の悪い数値は使わず、曖昧な形で公表する。これがいまの自治体の実態なのではないだろうか。しかし、**住民と共にまちづくりを行おうとするならば、すべての情報をしっかり伝え、そのうえで何をすべきか共に考えることが大切なのだ。**自治体の業績は人間にとっての健康状態と捉えることができる。健康診断で良い情報しか与えられなければ気分を害することはないだろう。しかし、悪い情報がわからなければ体質改善に取り組むことはできない。そして、そのまま放置すれば、いずれは大きな病気を引き起こす要因になってしまう。もしみなさんがそのような状態になったら、きっと病院に「なぜ教えてくれなかったんだ」と怒りをぶつけるのではないだろうか。これと同じように自治体の業績についても良いものも悪いものもすべて含めて住民に情報提供することが大切だ。これができてこそ、住民は正しい判断をくだすことができ、まちを健康にすることができるのである。

・市の現状をデータを用いて説明する

このような考えのもと、公共交通を担当していたころに実践していたことがある。それは、地域住民のみなさんと「公共交通のあり方」について意見交換を行う際には、冒頭で市の現状をしっかりと伝えることだった。その一例をご紹介する。

「みなさんは路線バスの赤字はバス会社が負担していると思っていないか。でも実はそうではない。その赤字は行政が負担している。つまり、路線バスの赤字補填は、みなさんからいただく税金で賄っているということだ。その一方で、自治体は『人口の高齢化』と『施設の高齢化』という『2つの高齢化』の影響で厳しい経営を強いられている。このような状況が続くと、社会保障関連の経費と老朽化した公共施設の修繕費だけで、いつか支出の半分くらいを占めてしまう可能性もある。もしこのような状況に陥ったら、今と同じように赤字補填やコミュニティバスの運行などを行うことはできなくなるだろう。こうした話をすると『そんな状況だったら施設を廃止すればよいのではないか?』と思う方もいるかもしれない。しかし、市全体の施設数を減らすことには賛成しても、自分の地区にある施設や自分が使っている施設がなくなることには、みなさんも反対するのではないだろうか。こういった総論賛成各論反対の考えではいつまで経っても施設は少なくならない。そして、これが公共交通やそれ以外の事業にお金を回せない要因となっていく。だからこそ、施設や移動サービスの必要性、どのような移動サービスが自分たちに合っているのか、地域のニーズや実状を踏まえながらみなさん自身が考えてほしい。そのなかで、行政もさまざまな情報提供や交通事業者との橋渡し、あるいは一緒に検討するといった役割をしっかりと果たしていきたい」

　この話のなかでは、ここ15年あまりの社会保障費（扶助費）の推移や今後の施設の維持補修費として想定されている経費など、具体的な金額を伝えている。それは、藻谷浩介さんや川北秀人さんの講演をお聞きするなかで、データ（数値）を用いて説明することの重要性を感じたからだ。人口減少や少子高齢化といっても、その状況は自治体によって大きく異なっている。その状況の違いやそれを引き起こす原因がわかっていなければ対応策も考えられないだろう。そうしたなかで、お二人はさまざまなデータを用いて各自治体の状況をわかりやすく解説し、私たちに目指すべき方向性を示唆してくれる。そうした話をお聞きする度に、私はデータ（数値）を用いて自治体や地域の現状を把握し、その情報を住民に伝えることの重要性を感じてきた。そのことが前述した住民説明のときなどに各種データを伝えることにつながっている。

データに基づく状況分析のなかで、私が大事にしているポイントがある。それは自治体間比較だ。私は30代のときに英国自治体視察団に参加し2度ほど同国の自治体などを視察したが、業績測定に関して日本と明らかに違っていることがあった。それは経年比較以上に自治体間比較を重要視しているということだ。当時、私は行政評価の担当をしていたが、その状況を目の当たりにして、これこそが業績測定を行ううえで日本の制度に欠けている大事な視点だと感じたのである。例えばある成果指標が前年と比較し2倍の成果をあげたとする。経年比較だけであれば高評価だろう。しかし、その数値が全国平均より下回っていたとしたら必ずしも高い評価にはならない。他自治体と比較してはじめて自身のパフォーマンス度がどの程度なのか把握できるということである。

良いことも悪いことも含めてすべての情報を正しく伝えることで、住民のみなさんは、自分ごととして地域のことを真剣に考えてくれるようになる。単に、「できる」「できない」の意見交換ではなく、生活の質を向上するために何ができるのか。住民と行政が真剣に考えるためには、こうしたデータに基づいた対話の場が大切なのである。そして、こうした対話を通して、目指すべき地域の未来を住民と行政が共有し、その未来を具現化していく方法を共に考える。これこそが共創であり、その方法を実践していくことが協働だと私自身は感じている。そして、情報共有→共創→協働のプロセスを通して住民のみなさんと共にまちづくりに取り組むことが明るい未来を創ることにつながるのではないだろうか。

コラム

自治体職員にとって大きな転換期を迎えた年

２０１６年度に対する私のイメージである。どのような点で転換期だったのか。１点目が、佐賀県庁の円城寺雄介さんが「県庁そろそろクビですか？」を出版したことである。財務や法務など、自治体の業務に関する本を、その業務に精通する自治体職員が執筆するケースはあったように思うが、自治体職員が自身の仕事や活動をベースに自己啓発を促すような本を執筆したことは、それまであまりなかったように感じる。はっきりとしたデータがあるわけではないが、実際、これ以降、埼玉県三芳町の佐久間智之さんや長崎県諫早市の村川美詠さん、島根県邑南町の寺本英仁さんなど多くの自治体職員が単著を出版している。２点目が、福岡市の今村寛さんによる財政出前講座とＳＩＭＵＬＡＴＩＯＮ福岡２０３０のブーム到来である。これがきっかけとなり、全国各地でＳＩＭＵＬＡＴＩＯＮ２０３０のご当地版が作られるようになった。この件については、後段で詳しくお話することにしたい。この２つの出来事をきっかけに、自治体職員の主体的な活動が広がった年といえるだろう。これらの点で、私自身は２０１６年度が自治体職員にとって大きな転換期だと感じている。

そのような２０１６年度に私が東北ＯＭなどで出会った３つの素敵な言葉を紹介することにしよう。

①前例どおりにすることは、誰にでもできること。
誰にでもできることは仕事ではない。

今までしたことのないことを考え実行することが仕事である。


これは、東北ＯＭ登米勉強会において、ＮＰＯ法人遠野山・里・暮らしネットワーク会長である菊池新一さんにお聞きした言葉である。岩手県遠野市職員だった菊池さん。市職員時代に道の駅「遠野風の丘」の整備を任されることになった。その際、菊池さんたちに示されていた来場者数の年間目標は10万人だったが、なんとその10倍となる年間来場者１００万人を達成することができた。日本広しといえども利用者数が１００万人を超える道の駅は、そう多くはないだろう。

それが、道の駅の開設前後で特に交通量が増加したわけでもないのに、１００万人を達成することができたのである。

それでは、菊池さんはどのような意識で道の駅の整備や運営に取り組んだのだろうか。そこには、前例に倣うだけでなく、新しいことに取り組まなければならないという信念があった。その当時、岩手県内には15か所の道の駅があったが、菊池さんは、これらと同じことをしていても客は入らないと考えていた。そこで、販売経験の少ないスタッフに「あなたたちは素人じゃなくて立派なプロでしょ。お客さんのプロでしょ」と声を掛けながら、トイレや休憩ホールなどについて、顧客目線によるさまざまなアイデアを実現していった。その結果、客足がどんどん伸びて、見事、１００万人を達成することになったのである。

地方創生が求められる時代のなかで、私たち自治体職員には、これまでの常識に捉われない方法で地域を元気にすることが求められている。その使命を果たすためには、今までにない新たな価値を生み出す必要があるが、それを実現していくためには、菊池さんのように、それまでの固定概念を払拭し、新しいことにどんどんチャレンジしていく必要がある。そして、菊池さんの言葉にあるように、これこそが「仕事」なのである。国の指示どおり、あるいは、前例を倣って効率的に作業を進めていれば成果が挙がる時代は遠い昔となっている。そのことを自治体職員はより一層理解する必要があるのではないだろうか。

②未来とは、選択の積み重ね。だから未来からの視点で選択していく必要がある。

ここ数年、財政シミュレーションゲームSIMULATION2030が、全国的規模で人気となっている。各地でご当地版が作成されており、私自身も若手職員と協力しながら山形市版を作り、地元にある東北芸術工科大学の授業などで活用している。この財政シミュレーションゲームを世に送り出した産みの親が和田大志さんをはじめとした熊本県庁のみなさんならば、この活動を全国に広めた育ての親が福岡市職員の今村寛さんである。今村さんは財政調整課長時代に、福岡市の財政状況を職員や市民に広く周知するために、財政出前講座を行っていた。この取り組みを拡大し、福岡市の事例を踏まえながら、他自治体職員に対して、財政の健全化に関する講座を行ったものが出張財政出前講座である。そして、この話を自分事として感じてもらうためSIMULATION福岡2030を活用したのだった。

その今村さんが、SIMULATION福岡2030が終了した後に、財政出前講座の総括として話しているものが冒頭の言葉である。厳しい財政状況のなか、自治体、あるいは自治体職員には取捨選択を迫られる機会が増えているが、SIMULATION2030を経験すると、その一つひとつの選択がまちの未来を形作ることが実感できる。そのため、一つでも選択を誤ると、まちの未来は大きく変わってしまう。昨今、自治体の世界でも注目されているＳＤＧｓにおいて、「未来の姿から逆算して現在の施策を考える発想」であるバックキャスティングの考え方が注目されているが、目指すべき未来をビジョンとして組織全体で共有化し、メンバー全員が同じ未来を描きながら、政策を実行していくほうが効率的に物事を進めることができるのではないだろうか。

③やるか、やらないではない。やってしまう（最初にゴールを設定する）。ゴールを決めると何をすべきか考える。

これは東北ＯＭ名取勉強会において、『県庁そろそろクビですか？』の著者である佐賀県職員の円城寺雄介さんからお聞きした言葉である。救急車へのｉＰａｄ導入の実績が高く評価されている円城寺さんだが、その実現に向けた道のりは決して楽なものではなかった。

救急車の搬送時間を短縮するために、まず円城寺さんが行ったこと。それは、県職員にもかかわらず、市町村管轄の救急車に乗り込み、現場の状況を把握することだった。当然の如く乗り込むまでには相当な苦労があった。消防本部から断られながらも、諦めることなく何度もお願いし、ようやく救急車に乗り込むことができたのである。現場からわかったことは、救急車側に、病院に関する情報がないということだった。一方、「救急を受け入れると何かとやっかいなことになるから、とりあえず、他所に行ってもらおう」など、病院が自らを守るために搬送を断るケースもあることがわかった。こうした状況から、病院と救急車の情報を共有化すればよいのではないかという発想に至り、ｉＰａｄの導入に至ったというわけである。

円城寺さんによると、このような行動につながったのは最初に「やり切る」と決めたことが大きかったそうである。「できるか。できないか」を考えると、とかく「できない理由」を考えがちになる。しかし、現場で困っている人の顔が頭に浮かぶと、「やってしまう」というゴールを設定することになる。ゴールを決めると何をすべきか考えるようになる。新しい価値は行動するからこそ生み出されるもの。やはり円城寺さんのように「やってしまう」の気持ちを持ち一歩踏み出すことが大事なのである。

第3章

仕事とネットワーク活動の両立

そんなに活動して仕事と家庭は大丈夫？

講演などで、よくこのような質問を受ける。1年を通してネットワーク活動に取り組み、その活動範囲が東北だけでなく全国にまで及んでいると話せば「小さな子どもがいるのに、夫が土日祝日いないことに奥さんはどう思っているのだろう」「きっと年休も相当に使っているはず。きちんと仕事ができているのだろうか。そして、上司からは何も言われないのだろうか。」と思われても仕方がないだろう。しかし、私は職場でも家庭でも浮いていない自信がある。その理由は、ワーク・ライフ・コミュニティ・バランス（以下、「ＷＬＣＢ」）を実践しているからに他ならない。

・ＷＬＣＢ

昨今、働き方改革が求められるようになり、ワーク・ライフ・バランス（以下、「ＷＬＢ」）という言葉をよく耳にするようになった。しかし、ＷＬＣＢはなかなか耳慣れない言葉なのではないだろうか。書籍や講演などでＷＬＣＢの話をよくするためか、「ＷＬＣＢは、後藤さんが考えた言葉なのですか」とよく聞かれるが、実はそうではない。人からの受け売りだ。２０１０年3月、私は仲間とともに「風のたより」という地域活性化関連のイベントを主催した。ＷＬＣＢは、その時にゲストコメンテーターを務めたＮＰＯ法人ＣＲファクトリー代表の呉哲煥さんからお聞きしたものである。呉さんは、「風のたより」のなかで「一般的にはＷＬＢが知られているが、家庭と仕事のほかに地域やネットワーク活動など、さまざまなコミュニティ活動を実践することが人生を豊かにすることであり、そのためには、この3者のバランスをとるＷＬＣＢの考え方が大切なのである」とコメントした。この話に私はとても共感し、それ以降、ＷＬＣＢを強く意識した生活を送るようになったのである。

「コミュニティ」というと地域活動を想像する人も多いかもしれない。しかし、私はＷＬＣＢにおける「コミュニティ」を広く解釈し、仕事と家庭に属する活動以外のもの全般と捉えている。そのため、趣味で通っているトレーニングジムやテニススクール、あるいは自主研修グループやＰＴＡの活動なども全てコミュニティのカテゴリーに入っている。なお、これらのコミュニティ活動を通して、何らかの社会貢献をしていくことが大事だと私自身は考えている。

・最も大事なものは？

「ワーク」「ライフ」「コミュニティ」という3つの要素のなかで最も大事なものはどれだろうか。私の答えは、「ライフ」つまり「家庭」である。そう考える理由は3つある。1つめは、人生で最も長く時間（期間）を共有する存在が家族だからである。人生のはじまりと終焉の時、あるいは人生におけるさまざまなライフイベント。こうした時を共に過ごす家族を大切にすることは、それだけで人生を豊かにしてくれるのではないだろうか。２つめはライフの充実がワークやコミュニティに良い効果を与えるからである。家族の笑顔や「頑張って」の一言が何よりの励みであり、仕事などに対するモチベーションを高めてくれる。逆に、家庭環境がうまくいっていない状況では、そのことが不安となり、仕事やオフサイトの活動に気持ちを傾けることはできなくなるだろう。こうしたことは多くの人に共通することではないだろうか。３つめは家族という役割に代役がいないことである。仕事やコミュニティでの役割は誰かが代わって行うことはできるが、父親や母親、あるいは夫や妻の役割は他の誰かが代わりに行うことはできない。こうした意味からも、**ＷＬＣＢのなかで最も重視すべきはライフと私は考えている。**

　このＷＬＣＢを実践するにあたり、私が大事にしていることがある。それは職場と家庭で浮かないことだ。浮かないということは、どういったことなのか。端的にいえば、職場においては上司や同僚、家庭においては夫や妻、子どもたちから信頼されているということだろう。つまり、職場や家庭で「あなたがいてくれてよかった」と思われる存在になるということである。オフサイトの活動に取り組む人のなかには「コミュニティ」を最も重要視する人がいる。それを私は否定するつもりはない。考え方は人それぞれであり、要は「ワーク」と「ライフ」「コミュニティ」という３つの要素のバランスがとれていれば問題ないからである。しかし、ごく少数ながらバランスがとれていない、つまり、家庭や仕事を顧みず「コミュニティ」の活動にのめり込んでいる人もいるように感じる。こういった状況だと問題ありと言わざるを得ない。どんなに良い活動でも、仕事を疎かにしてオフサイトの活動に取り組むことは社会人としてあってはならないことだ。もし仕事以上に打ち込めるものならば、副業ではなく本業とすべきである。また、家族を犠牲にしてまで「コミュニティ」の活動に取り組んだとしても、いつか何かしらの歪みが出てくるのではないだろうか。

それでは、「コミュニティ」とはどのような存在なのだろうか。私は、あくまでもライフとワークを補完するものだと理解している。「コミュニティ」の活動を通して、仕事など普段の生活では得られないさまざまな情報や知識、経験などを得ることができる。そのため、こうした**「コミュニティ」から得たさまざまな価値を私はワークやライフに還元するように心掛けている。**例えば仕事への還元でいえば「コミュニティ」の活動で得た知見を上司へのレクチャーなどに活用しているし、家庭への還元でいえばコミュニティの活動でつながった人脈を活かし、農業体験など普段の生活では味わえない経験を妻や子どもたちに提供している。こうした活動を繰り返し行うことにより、特別に「コミュニティ」の活動をPRしなくても、家族や同僚など、周りの人たちは「コミュニティ」の大切さを理解してくれるようになる。実は、こうした地道な活動が「コミュニティ」に対する批判を抑え、足を引っ張られない要因となり、ひいてはワークやライフの質的向上へとつながっていくのである。

ＷＬＣＢを重視するようになってから私はますます人生が豊かになった。１年を通してワクワクするような出来事があり、週末に「コミュニティ」に関するイベントがある時などは「週末を楽しみに今週も１週間仕事を頑張ろう」と自分を鼓舞することもできている。みなさんも、ＷＬＣＢを意識した生活をはじめてみてはいかがだろうか。

時間外勤務ゼロ

これが私にとって仕事で最も大事にしている目標である。コロナ禍等の理由により、最近はなかなか定時に帰れないが、それでもなるべく残業しないように気を付けている。どうして私が時間外勤務の削減にそこまでこだわるのか。その理由の1つとして、行革部門に在籍し仕事として時間外勤務削減に取り組んできたことが挙げられる。当時、私に課せられた最大のミッションは時間外勤務を全庁的に48％削減することだった。この高い目標設定のなかで、時差出勤やイクメンデーの導入など、私はさまざまな施策に取り組んだ。この経験が時間外勤務ゼロへのこだわりになっていることは間違いない。ただし、それが時間外勤務ゼロにこだわる最大の理由ではない。それでは最大の理由とは何なのか。それは時間外勤務の削減が生産性向上につながるからである。最も時間外勤務をしていた行政評価担当時代とほぼ毎日定時で帰っていた行革担当時代を比べると、生産性は明らかに後者のほうが高い。それは時間外勤務が当たり前になってしまうと、7時間45分という業務時間の枠ではなく、時間外勤務の時間も含めた9時間、10時間の枠で仕事の割り振りを自然と決めてしまうからである。そのことが知らず知らずのうちに生産性を落としてしまう。こうした経験が時間外勤務ゼロにこだわる最大の理由となっている。

・時間外勤務を減らす3つの方法

時間外勤務の削減と生産性向上との関係性について、もう少し詳しく話をしてみたい。みなさんは時間外勤務を減らす方法が３つあることをご存知だろうか。１つは仕事の質を落とすことである。今までやってきたことを単純にやめれば総労働時間は減る。総労働時間が減れば、必然的に時間外勤務時間も縮減されるだろう。しかし、仕事のなかには有益なものもあればそうでないものもある。そのため、一つひとつの業務の良し悪しを峻別せず単純に一律カットすれば時間外勤務は減るが、仕事の質を落とすことにもつながる。自治体が市民等から集めた税金を使い公共サービスを提供していることを考えれば、質の低下は許されることではない。仮に低下した場合には説明責任が問われることになる。

２つめはサービス残業で対応するということである。勤務時間中に終わらなかった仕事を自宅に持ち帰りプライベートの時間で処理すれば、職務上の時間外勤務時間数は減る。しかし、その職員個人の労働時間は減るわけではない。職場でしていた仕事の時間が家庭等で取り組む仕事の時間にシフトするだけである。そのため、組織目標の達成にとっては有益だが、仕事と家庭の両立を掲げた働き方改革の考え方には逆行する。

　3つめは改善に取り組むということである。前述したように、仕事には有益性が高いものもあれば、そうでないものもある。この有益性の低い業務を少なくしていくことで、仕事の質を落とさず、サービス残業もせずに時間外勤務を削減していくことができる。つまり、**従来の仕事のやり方を見直し、仕事の無駄をそぎ落とし労働時間を削減していく**ということである。みなさん自身の仕事を振り返ってほしい。しなくても良いと感じながらも、従来どおりにやった方が無難だから実施している仕事はないだろうか。例えば無駄な起案や資料作成、窓口での手続きや会議など、考えればいろいろと見つかるはずだ。こうした事務や作業をなくすことで、無駄な仕事に取り組む時間が減る。この削減された時間を有効活用し、その一部を有益性の高い仕事にまわすことで、仕事の質的向上と時間外勤務の削減をダブルで実現できる。そして質の向上とコストの抑制により仕事の生産性は高まるというわけだ。これが時間外勤務をしない方が生産性が高まると私自身が考える最大の理由なのである。

・3つのポイントを意識する

　しかしながら、みなさんのなかには仕事の無駄をなくしただけでは時間外勤務をゼロにすることは不可能だと感じる人もいるだろう。そう思うのも当然だ。私たち自治体職員の仕事は、年々業務量が増している。無駄な仕事を無くす以上に、やらなければならない仕事が次から次へとふってくる。このような状況のなかで、私が実践している時間外勤務を減らす3つのポイントについてお話ししよう。この3つのポイントを意識することで、私自身、多少なりとも時間外勤務を減らすことができている。そのため、みなさんが時間外勤務削減に取り組むうえでの参考にしてほしい。

第1のポイントは仕事に対する集中力を午前中重視にすることだ。ファザーリングジャパン代表の安藤哲也さんから「サッカーも仕事も同じ。あらかじめ延長戦があるとわかっていたら最初から懸命にゴールを狙おうとしない。逆に90分のなかで勝たなければならない試合であれば、最初から全力でゴールを狙いにいく」という話を聞いたことがある。確かに、サッカーの場合、引き分けでも予選通過できる試合と2点差以上で勝たなければ予選通過ができない試合とでは必死さは違う。後者のほうが圧倒的に前半から全力を尽くすことになるだろう。この序盤からの必死さが、終業時刻までに仕事を終わらせるうえで重要なのだ。そのため、私は朝から全力投球しその日のうちにしなければならない優先度の高い仕事はなるべく午前中に、遅くとも15時までには目途が立つよう心掛けている。こうした意識を持つことで、早め早めに仕事に対処することができ時間外勤務の削減につながっている。

第2のポイントは仕事では最高ではなく最適を目指すことだ。自治体職員の仕事が増えている状況のなかで、そのすべてを最高に整えようとすれば、それだけ時間を要することになる。そして、それが時間外勤務につながっていく。そのため、私は自分の人件費を意識し費用対効果を考えながら、最高ではなく最適なレベルで仕事に当たるよう心掛けている。

第3のポイントは完成力より修正力を意識することだ。資料を作成する場合、私は最初から完璧なものを作らない。それは、自分が完璧だと感じた資料でもそのまま上司がＯＫを出すことは少ないからだ。最初から時間をかけて素晴らしいものを作成するよりも、ある程度のレベルの資料を作成し、その後、上司の意見を聞きながら、より良いものに修正していくほうが効率的な時間の使い方なのではないだろうか。この作業を進めていくなかで完璧なものに近づけていけるスキルこそ、修正力なのである。この修正力という考え方は尊敬する佐賀県武雄市の前市長・樋渡啓祐さんから教えていただいたものだ。

こうした意識で仕事に取り組むことで、私は時間外勤務を削減し、かつ、以前よりも仕事の生産性を高めることができている。ワークの充実は生産性を高めること。そして、生産性を高める方法は「時間外勤務」をしないこと。そう考えながら私は仕事に取り組んでいる。

自治体職員にとって最も落ち着かない月

それは人事異動の内示が出る3月ではないだろうか。内示の日が近づくにつれ、職場内の話題は徐々に異動に関するものが多くなる。自分自身の異動に関することはもちろん、上司や同僚など、身の周りに関すること、あるいは幹部職員のポストに関することなど、話題は尽きない。私の地元・山形県では、内示直前に首を洗って待つという意味を込めて「首洗い」という名の飲み会が行われるが、その時の話題ももっぱら人事に関するものだ。これらのことからも1年のうちで最も落ち着かない月が3月であることは紛れもない事実である。それくらい人事異動は自治体職員にとって大きな関心事であり、それゆえに職員のモチベーションにも大きな影響を与えることは間違いないだろう。

私は１９９４年４月に山形市役所に入庁し、それ以降25年を超える年月を自治体職員として過ごしてきた。この間、課内のポスト変更も含めると9回の人事異動を経験してきたが、このなかには希望が叶ったものもあれば、そうでなかったものもあった。当然のことながら、希望が叶ったときにはモチベーションが高まり、そうでないときには気持ちが沈むことが多かった。ちなみに、９回の異動のうち、希望が叶ったものはたった2回である。このような状況は、私に限ったことではないだろう。

きっと自分自身の思いどおりにならないことだからこそ、多くの人が人事異動に対して不安な気持ちを抱き、それが落ち着かない精神状態に陥る要因になっていると私自身は考えている。

私も若い頃は人事異動の内示をドキドキしながら待っていた。最初の異動のときなどは、在籍5年目を迎え課内で異動候補の筆頭に挙げられていたこともあり、内示が発表される前日は落ち着かずなかなか寝付けなかった。しかし、5回目の異動くらいから、以前ほどのドキドキ感やザワザワ感を持たなくなった。そのような気持ちになったのは2つの理由からである。

・仕事でできないことはオフサイトで

第一にオフサイト活動の充実である。実は4回目の人事異動に向けて、私は人事部門に異動し職員研修の担当になることを希望していた。その理由は、職員の意識改革や能力向上に貢献できる仕事がしたかったからである。当時、私は企画調整課で業務改善の担当を務めていたが、その仕事を通して、各課で改善に取り組み成果を挙げている職員の存在を知ることができた。彼らの姿を見ているうちに、市役所を変えていくためには、こうした前向きな職員を増やしていく必要があると感じたことが、人材育成をミッションとする研修担当を希望した理由である。

この人事部門への異動希望については、当時の上司も後押ししてくれていたため、私は当然異動できるものと高を括っていた。しかし、世の中はそんなに甘いものではなく、残念ながら、私の希望が叶うことはなかったのである。このような経緯から異動当初はまったくモチベーションが上がらず、気持ちがかなり落ち気味になっていた。そんな私の気持ちを晴れさせてくれたものがオフサイトの活動だったのである。その年の5月に開催を予定していた東北ＯＭ第2回勉強会の準備を進めていくうちに、私の気持ちも徐々に晴れていった。それは**「職員のモチベーションやスキルを高めることはオフサイトの活動でもできる。仕事でできないことはオフサイトで実践すればよい」**と思い始めるようになったからである。

確かに仕事に比べるとオフサイト活動が生み出せる効果や価値は小さい。また、社会や役所に与えるインパクトも限られている。しかし、その反面、自由度は大きく、上司への確認や決裁を取ることなく自分たちの思うとおりに活動できるというメリットもある。実際に、東北ＯＭの活動も、メンバー間で相談しながら自分たちのやりたいことを自由に実行に移していた。こうした状況から「仕事でできないことはオフサイトで実践すれば良い」という意識が自分のなかで徐々に浸透していき、あまり人事異動に対して構えることがなくなったのである。

なお、この件に関して補足しておきたいことがある。それは、オフサイトの活動が仕事の予行演習になり得るということである。当然のことだが、仕事だと成果を求められるため、どうしてもプレッシャーが掛かってしまう。その反面、オフサイトの活動だとプレッシャーが掛からず、気楽な気持ちで実践することができる。そのため、仕事で実践したいことをまずは仕事の予行演習としてオフサイトの活動で実践し、その経験を仕事に活かせば、いきなり仕事で挑戦するよりも余裕を持って、その活動にチャレンジできるのではないだろうか。私自身も、東北ＯＭでさまざまなイベントを企画してきたが、その経験が利用者増に向け各種イベントを仕掛ける公共交通の担当となったときに大いに役立った。その点からも、異動希望が叶わなかったときには、仕事で実践したいことの予行演習の機会と時間を得たとポジティブに考えることもできるだろう。

・異動で初めて身に付くこと

第二に、希望していない部署ほど、自分の成長につながるということである。前述した4回目の人事異動で、私は都市開発部門に異動することになり、開発許可を担当することになった。具体的には、市民や開発事業者のみなさんから大規模開発や市街化調整区域での建築行為に関する相談や許認可に対応する仕事である。それまで関心のなかった部署だったこともあり、根拠法令となる都市計画法に関する知識はほとんどなく、開発許可という言葉もほとんど馴染みがなかった。市職員として恥ずかしいことだが、市街化調整区域に建築規制が掛けられていることすら知らなかったのである。このような状況のため、異動した直後は大変だった。法律の趣旨や内容、市としての許可基準など、開発許可制度について一から覚える必要があったことに加え、建築基準法や道路構造令など、土木や建築に関する知識も身に付ける必要があったのである。しかし、今考えれば、この苦労があったからこそ、それまで関心がなかった都市計画に関する知識や見識が広がり、そのことが市職員としてのスキルアップにつながったと感じている。

異動を希望していない部署に関する知識や情報は知らないことばかりで、それだけに異動することで初めて身に付くことも多い。苦労することも多いが、自分自身の成長という観点で考えた場合、学ぶべきことが多いということは、それだけ成長する可能性も大きいということである。

開発許可の仕事で学んだことがある。それは、法律は絶対に正しいわけではないということだ。第1条に掲げられている法律の目的と第2条以降の考え方に矛盾が生じている場合などが往々にしてあり、それは法律の施行から時間が経ち、法律の規定が時代遅れになっていることや地域の状況に合っていない場合などに起因している。しかしながら、前例踏襲で仕事をしていると、そのことに疑問を感じることなく、従来の考え方に従い許可の判断を下すだけになってしまう。そうならないためにも、常に法律の考え方が現状に合っているかを考え、矛盾が生じている場合には、状況に合わせて上手に解釈することや場合によっては法律改正を国に求めていくことも必要である。こうしたことも自治体職員としての大事な責務なのではないだろうか。

こうした経験から私は**「自治体職員は法律を守るだけの番人ではなく、法律の趣旨を理解しながら、地域の状況に合わせて上手に解釈し、市全体の利益向上につなげていくための法律の職人でなければならない」**と考えるようになった。

「仕事でできないことはプライベートで行う」と「希望していない部署ほど成長できる」という2つのことを意識することで、私は人事異動に対して過剰に反応することがなくなった。人事異動の内示により、これからも悲喜こもごもの人間模様が繰り広げられるだろうが、所詮、「人事」は「ひとごと」である。自分ではどうすることもできない。それならば、人事異動を自分の成長に活かすチャンスと捉えるべきではないだろうか。そう考えるようになると、人事異動に一喜一憂することなく、落ち着いた気持ちで内示の日を迎えられるだろう。

画面で見るより紙のほうが便利

電子決裁を導入する際に、このような声をよく耳にする。現在、電子決裁率が99％と、恐らく日本一の実施率を誇る山形市も同じような状況だった。きっと電子決裁が普及した今でも、そう感じている人は少なくないだろう。それでは、実際、決裁や資料の供覧などにおいて、電子と紙、どちらが便利なのだろうか。この問いに対して、私なら「ケースバイケース」と答えるだろう。それは、電子決裁システムが自治体のすべての要望に応え切れていないからである。例えば、添付資料を確認する際に、押印決裁なら紙をめくればすぐに見られるが、電子決裁の場合は一度ダウンロードしなければならず、時間がかかる。ほんの数十秒のことではあるが、手間と感じることは間違いなく、添付資料が多くなるほどその気持ちは大きくなる。

・事務改善のきっかけに

このような状況にも関わらず、私は担当として迷うことなく電子決裁システムの導入に全力を尽くすことができた。その理由は、短期と中長期的な2つの視点で電子決裁導入の意義を感じていたからである。まず短期的な視点では、事務改善のきっかけになるということである。電子決裁システム導入にあたり開催した職員向け研修会で、私は「電子決裁システムを導入するから事務が効率化するわけではない。電子決裁システムに合わせて仕事のやり方を見直し、無駄をなくしていくからこそ事務が効率化していく。そのことを意識して取り組んでほしい」と繰り返し参加者に伝えていた。そこには、システムを構築していくなかで、電子決裁をスムーズに実施していくためには、従来のやり方を変えなければ対応できないケースが多々あり、これらの事務をシステム導入に合わせて見直すことにより、非効率だった事務のやり方を見直すきっかけにしたいという意図があったのである。

次に、中長期的な視点としては、電子化への慣れである。電子決裁システムを導入しようとしていた頃、自宅に帰ると3歳の息子が普通に妻のスマートフォンを操作していた。スマートフォンやタブレットの普及により、今後、画面で見ることに抵抗がない世代が徐々に増えていくだろう。ましてや、タブレットを用いたＩＣＴ教育が浸透すれば、その動きはより一層加速するに違いない。そのため、近い将来、「紙のほうが便利だ」などと言っていると、若手職員に「課長、まだそんなことを言っているのですか？時代遅れですね」と言われかねない。これに加えて、役所の世界にも電子化の波は広がっていくことが想定される。そうしたなかで、電子化に慣れている役所とそうでない役所では、あらゆる面で大きな差が出てくると私は感じている。そうした**時代の流れに乗り遅れないための布石として、電子決裁の導入は大変意義のあることだと感じていた**のである。

・電子決済システム導入のポイント

次に電子決裁システムを効率的に導入するためのポイントについて紹介しよう。

電子決裁システム導入にあたり最も大事なことは、トップの理解である。電子決裁を実施している自治体のなかには、首長決裁を対象外としているところがあるが、山形市では市長決裁も電子決裁の対象としている。電子決裁を進めるうえでは、できる限り例外（押印決裁を認めるもの）をつくらないことが大切だ。ひとつの例外をつくってしまうと、次から次へと「例外を認めてほしい」との要求が各課から寄せられる。実際、山形市においても、導入当初、「添付資料を電子化できない」などの理由で、電子決裁の対象外にしてほしいとの要望が数多く寄せられた。このような要望に一つひとつ応えていたのでは、電子決裁を普及することはできない。そして、そのことは市長決裁にもいえることである。逆に、市長、副市長が電子決裁を積極的に利用していたら「市長も慣れないなかで、電子決裁を行っている」という認識が広まり、「面倒でも電子決裁に取り組もう」という意識が職員の間に広がる。このような状況を創れたことが、山形市では大きかった。市長、副市長とも電子決裁に積極的に取り組み、理由もなく紙ベースの押印決裁でまわってきたものは、副市長自ら起案職員に決裁のやり直しを指示していた。こうしたトップの理解があったからこそ、山形市は全国一の電子決裁率を誇る自治体になったのである。

第2のポイントは、導入時に実施する説明会は部署別に行うことである。電子決裁システムに対する懸案事項は部署により大きく異なる。例えば、技術職の多い部署では、ＰＤＦ化することが難しい図面への対応が懸案事項となり、福祉部門などでは給付金などを交付する際の申請書の取扱いなどが懸案事項になる。こうした状況のなか、全部署を対象に全庁的な説明会を行うと、それぞれの部署が抱えている課題に丁寧に対応することができず、いろいろな部署から不満が噴出する可能性が高い。このような状況になってしまうと、なかなか全庁的な取り組みとして進められなくなる。これに対して、山形市では説明会を部署ごとに開催した。同じ説明を何度も繰り返す煩わしさはあったが、それぞれの部署が抱える課題に対して丁寧に答えることができ、少なからず電子決裁への理解が深まったと感じている。

第3に、担当者が電子決裁を導入する意義を感じ、想いを持って事務にあたることである。決裁を電子化することは必ずしも便利なことだけではない。逆に、非効率になり職員に負担を強いることもある。それでも担当職員は電子決裁を導入する意義を全庁的に伝えなければならない。こうした状況から電子決裁に対する強い思い入れがないとシステム導入を強力に推し進めることなどできないのである。なお、私には電子決裁に強い思い入れを持つきっかけとなる出来事があった。それは、中野区への視察である。現在中野区長を務める酒井直人さん（当時は職員）から電子決裁に関するレクチャーを受け、「電子決裁導入に合わせて事務を見直すことにより、無駄な仕事をなくす。これにより生み出された時間を、新しい価値を生み出す新たな仕事を創造することに使う。こうしたことがこれから求められる仕事のやり方なのではないか」という話を聞いた。この話から、電子決裁導入の有益性を感じ、俄然モチベーションが高まったのである。

政策を考える際に住民や時代が求めるニーズを捉えることが重要だ。しかし、そのニーズとは必ずしも今のニーズばかりではない。**未来のニーズを考えることも大事なのである。**新たな政策を考える際には是非10年後、20年後の未来をイメージすることも忘れないでほしい。

公務員の世界にも副業の波がやってきた

ここ数年、私が感じてきたことだ。そのきっかけは2017年8月のこと。奈良県生駒市が、職員の副業促進に向け、報酬を得て地域活動に従事する際の基準を明確化したことに端を発している。職場に許可を得て執筆や講演などで報酬を得ていた私は、ようやく公務員の世界にも副業の動きが本格化したと感じたのである。

・公務員の副業制度

生駒市の副業制度は、小紫雅史市長の強いリーダーシップのもとで実現に至った。小紫さんとは、市長就任以前（副市長時代）から交流があり、時間外勤務削減についてメールで何度か意見交換させていただいたこともある。その時から私が感じていたことは「小紫さんは職員のスキルアップや意識向上、公務外活動の支援、あるいは職場環境の改善など、職員に着目した施策を組織の生産性向上につなげていこうとしている」ということだった。職員一人ひとりの果たすべき役割が年々大きくなっている現状から職員力を高めていくことが重要だと考えていた私は、小紫さんの姿勢に強く共感したのである。

そのような状況のなかで、私は小紫市長の話を直接お聞きする機会に恵まれた。同年11月25日に北海道東神楽町で開催された第7回「地域に飛び出す公務員を応援する首長連合サミット」（以下、「首長サミット」）のときである。なお、私は、当サミットの企画運営を行う「地域に飛び出す公務員を応援する首長連合（以下、「首長連合」）」の事務局員を務めており、毎回スタッフとして当サミットに参加している。首長サミットでは、毎回メインイベントとなる首長会議において、地域に飛び出す公務員を増やすための方策について首長同士が意見交換を行うことが通例となっていた。そして、そこでの議論がきっかけとなり首長連合の新たな取り組みがはじまることもあったのである。

第7回首長サミットにおいて、大きく取り上げられたテーマが「公務員の副業制度」だった。首長会議がはじまり、小紫市長が以下のように口火を切る。

「地域貢献をしている公務員に対して、然るべき対価として報酬を得る権利を与えても良いのではないか。そのことにより、職員が地域に飛び出しやすくなる環境を少しでも整えたい。副業制度創設の目的は、地域に飛び出す公務員を増やすことへの寄与だと生駒市では捉えている」と制度化した趣旨について話をされた。これに対して、他の首長からは「マルチな才能を持った職員が、しっかり仕事をこなしたうえで、仕事以外の時間を使い地域貢献しているとすれば、その対価として報酬を得ても何ら問題はないのではないか」という好意的な意見が多数を占めた。その一方で「公務員が報酬を得ることは好ましくないのではないか」「副業で収入を得るようになると、本業が疎かになってしまうのではないか」といった制度化を危惧する声も少数ながら挙がったのである。

これらの意見に対してフロアの公務員からは「講演依頼を受けた時、依頼文に報酬○万円と書いてあると『90分話しただけで○万円ももらえるなんて儲かっていいなぁ』と言う職員もいる。しかし、人前で話すためには、読書など、自費を投じて勉強しなければ対応できない。決して単純に儲かっているわけではない」などといった意見が出た。私も執筆や講師の依頼を受けることがあり、こうした活動のなかには、報酬（旅費や謝礼）を受ける場合もあるが、その一方で、講演先までの移動費なども含めて、すべて自己負担で対応する場合もある。身銭を切って取り組む理由は、自分の経験等を社会のために活かしたいと思う気持ちと、知域活動を通して仕事に活かせる数多くの情報や人脈を得たいと考えているからである。しかし、毎回、自己負担での対応になってしまうと、限られた小遣いのなかで活動を続けることは困難だ。そのため、報酬が支給される場合には「営利企業事務従事」の許可申請を行い、きちんと報酬を受け取ったうえで、プライベートの時間を利用し知域活動に取り組んでいる。

ただし、このような対応をとっている私でも、公務員が報酬を得ることを好ましくないと考える市民感情は理解できる。いくら仕事以外の時間を利用しているとはいえ、納税者の立場からしてみれば、公務員が仕事以外の活動に取り組みその活動で収入を得ていることを知れば、「そんな時間があるなら、もっと仕事で成果を上げろ」と言いたくなるのは仕方のないことだ。そのように思われることが、民間企業の社員と国民全体の奉仕者であり税金で収入を得ている公務員との大きな違いだろう。こうした市民感情に配慮するため、私は公務員が報酬を受け取ることに対し、3つの条件が課せられるべきだと考えている。その3つとは、**①本業が疎かになっていないこと、②仕事にフィードバックできる、あるいは地域や社会に貢献できる活動であること、③報酬額が適切であること、**である。

・本業を疎かにしない

仕事を疎かにして他の活動に取り組むことは社会人としてあってはならないことである。まして、日本国憲法で「国民全体の奉仕者」と明記されている公務員であれば、職務を全うしないことは国民全体への裏切り行為といえる。その点からもまずは本業である公務を全うしていることが第1の条件であろう。次に、公務員が報酬を得て行う活動（副業）は、社会（地域）貢献を目的とすべきである。公益に資する良い活動を継続させるための資金として報酬を受け取るということであれば市民も納得してくれるのではないだろうか。こうした点から報酬を得て行う活動は社会貢献に資する活動であることが第2の条件である。そして、公務員が報酬を受け取る場合は、その活動に見合った適切な金額であるべきである。もし、1回の講演で30万円ももらっていたら市民はどう思うだろう。公務員が報酬を得ることに違和感を持つ市民から更なる反感を買わないように、その活動に見合った適切な金額でなければならない。これが第3の条件である。

仕事や地域に良い影響を与えている活動であれば当然続けたほうがよい。しかし、自己負担が大きいと継続が難しくなる。そのため、しっかりと本業にも取り組んでいる公務員であれば、知域活動を継続するための原資として、適切な金額の範囲内で報酬を受け取ることも容認すべきだと私は考えている。しかし、上記の3つの条件の判断基準は今後の大きな課題であることも事実である。こうした点からも生駒市の取り組みは一石を投じるものだと感じており、今後の成り行きを注視していきたいと考えている。

副業？福業？それとも複業？

・3つの「ふくぎょう」

北海道東神楽町での首長サミットから1年が経ち、私は再び公務員の「ふくぎょう」について考える機会を得た。２０１８年11月に岐阜県飛騨市で開催された首長サミット、そして、新潟市で開催された新形（新潟×山形）交流勉強会である。首長サミットでは、公務員の副業に関するガイドラインが議論され、新形交流勉強会では、公務員が仕事以外の活動に参加するパラレルキャリアの有用性について話し合われた。なお、前段で「ふくぎょう」と平仮名で表現したのは、この2つのイベントを通して、「ふくぎょう」には、一般的に知られている「副業」に加え、「福業」と「複業」という3つの考え方があることを学んだからである。

この3つの「ふくぎょう」に関する考え方は、新形交流勉強会で私と共にゲストスピーカーを務めた山本一輝さんから教わった。その詳細を紹介する前に、新潟交流勉強会について簡単に触れておきたい。山形県と新潟県。隣県にも関わらず、アクセスの悪さから公務員同士の目立った交流がなかった。このような状況を改善し、同じ日本海側に立地する隣県同士、更なる交流促進を図ろうと新潟市職員の渡邉秀太さんから提案を受け開催したイベントが新形交流勉強会だったのである。この勉強会では、私も「知域に飛び出す公務員ライフ」をテーマに、自治体職員をはじめとする公務員が課外活動に取り組む有用性について話をしたが、その内容を深掘してくれたのが、私のあとに話をした山本さんだったのである。

山本さんは勉強会のなかで、前述した「ふくぎょう」に関する3つの見解を示した。第一に「副業」とは、本業以外に副収入を得ることを目的とした活動であり、サイドビジネス的な意味合いが強い。文字どおり、世間一般でイメージされている「ふくぎょう」のことである。第2に「福業」とは、自らの幸福感を得るために取り組む活動であり、その点では、趣味的要素が強く、加えて、生きていくうえでの励みやモチベーションになり得るものである。最後に「複業」だが、新たな可能性の実験やキャリアの選択肢を拡張することを目指した活動であり、本業のみを行うシングルキャリアに比して、自己成長のために複数の活動を実践するパラレルキャリアとしての意味合いを有している。山本さんは、3つの要素は互いに関連性があり、これらをバランスよく絡めることで、シングルキャリア（本業だけ）では得られないスキルやノウハウ、経験を得ることができると話してくれた。この話を私の活動に当てはめると、自治体職員の価値やモチベーションを高めるための活動に取り組みたい（福業）と考えている私が、担当業務外の働き方改革やワーク・ライフ・バランスなどについて自己研鑽を積み、そこで得た知識や情報、スキルを活かして、さまざまな自治体の職員研修で話し（複業）、その対価として旅費や謝礼をいただいている（副業）ということになるだろう。

・望ましい『公務員の副業』ガイドライン

次に首長サミットに話題を移したい。新形交流勉強会の前週に開催された首長サミットでは、公務員の地域活動をどのように促進していくかが話し合われた。前回のサミットで提案された公務員の兼業のあり方について、地方公務員法上の課題を整理したうえで、「望ましい『公務員の福業』ガイドライン（案）」を首長連合事務局が提案したのである。これに対して、各参加首長がそれぞれ発言し議論を深めた。とりわけ、報酬に関する見解がそれぞれ微妙に異なったが、最終的に節度ある謝礼までは受け取ることができるように整理したのである。なお、タイトルに「副業」ではなく、「福業」を用いた理由は、ガイドライン本文に「地域に飛び出し、地域の一員として活動に取り組む公務員を増やすため、営利企業等への従事の許可基準による線引きを示すだけでなく、これらの活動を『福業』と称し、その望ましいかたちについて提案するものである。『福業』のねらいは副収入ではなく、働き方改革も踏まえ、『福業』から学んだことが本業の意識向上につながると考えることによるものである」と記されているとおり、収入を得ることを目的とした「副業」との違いを明確にする意図があった。そのため、同じ「福業」でも山本さんが定義したものとは考え方が多少異なっている。

これらの議論を踏まえて、首長連合は公務員の副業に関する1つの指針として「望ましい『公務員の福業』ガイドライン」を策定し公表した。ガイドラインには、望ましい福業の形として、①時間外の活動であること、②活動自体が非営利であること、③報酬の金額や性質が適当であること、④雇用関係がないこと、⑤公務員としての中立公正、品位を保持していること、という5つの基準が定められている。なお、このガイドラインは「地域に飛び出す公務員」が活動に取り組みやすくするための環境を整えるためのものであり、趣旨に賛同する自治体が独自のガイドラインを定める参考として役立ててほしいとの考え方が根底にある。

これらのイベントを通して私が考えたことは、今回のガイドライン策定を機に、**多くの自治体が「副業制度」を入り口として職員のパラレルキャリアについて考えてほしい**ということだ。何が正解かわからない「答えのない時代」のなかで政策を考え実行するためには、多様な価値観を知り、さまざまなセクターとのつながりを持つことが重要である。しかし、そうした価値観や人脈はシングルキャリアだけでは得られない。そのため、組織としてパラレルキャリアを推奨する動きをもっと加速させるべきだ。ただし、そのための方法論は自治体の組織風土や地域性によっても異なるだろう。そのため、その自治体にとっての最適解が副業制度であるならば、首長連合が策定したガイドラインを参考にオリジナルのガイドライン等を定めれば良い。また、そうでない場合には、その自治体に合った方法を検討する必要がある。いずれにしても、副業制度の策定という手段が目的化することなく、職員がパラレルキャリアに取り組みやすい方法を考え実践していくことが大切なのではないだろうか。

管理職のみなさんへの3つのお願い

・50代の仕事で大切なこと

２０１７年10月、私は宮崎県延岡市で管理職研修の講師を務めた。３つのお願いとは、この研修の最後に、私が受講したみなさんに伝えたメッセージである。その当時、私は係長職だったため、依頼を受けた直後は、「いくらよその自治体とはいえ、管理職経験のない自分が、立場や年齢が上の管理職を相手に講師を務めてよいものなのか」という考えが頭をよぎった。しかし、自分のモットーである「頼まれごとは試されごと」の精神で思い切って引き受けることにした。どうせ管理職のみなさんに話をするなら、延岡市の職員に代わって日ごろから管理職のみなさんにお願いしたいと思っていることを伝えようと考えた。それが３つのお願いだったのである。

３つのお願いとは何か。その答えを早く知りたいところであろうが、研修当日と同じように、川北秀人さんからお聞きした自治体職員の仕事に関する話からはじめることにする。２０１７年８月、川北さんはＦａｃｅｂｏｏｋに「自治体職員の仕事は、最初の10年間こそ『正確な事務』だが、次の10年は『人材（＝後輩と地域）の育成』、その次の10年は『未来に備えるしくみづくり』、最後の10年は『後輩たちの全力支援』」と投稿した。この内容に私はとても共感できた。その理由は私自身が川北さんの考えに類似した役所人生を過ごしてきたからである。具体的には、最初の10年間（20代）は、仕事のやり方を身に付けることに全力を尽くし、それが30代となり、自治体業務改善や東北ＯＭの活動を通して後輩たちの人材育成に取り組むことができるようになった。そして、それが自分の成長にもつながった。40代となり係長職に昇任してからは、20代、30代での経験を活かし、電子決裁やコミュニティバスの制度設計など未来に向けた仕組みづくりに取り組んでいる。こうした川北さんが示した自治体職員の仕事を10年刻みで体現し、自治体職員として充実した役所人生を過ごしてきたことから、最後の10年間である50代も、川北さんの言葉どおり「後輩たちの全力支援」に取り組もうと私は考えるようになった。管理職研修を受講するみなさんは、その多くが最後の10年間を迎えた50代の方々である。そこで、私は川北さんのお話を引用し、50代の仕事で大切なことは「後輩たちの全力支援」であり、それを実践するために管理職として部下の育成や働きやすい環境を整える必要があることを受講したみなさんに実感してもらおうと考えたのである。

・マネジメント実践の第一歩

それでは、本題である3つのお願いとはいかなるものだったのだろうか。それは、以下のとおりである。

①無駄な仕事をなくしてください
②部下を褒めてあげてください
③ワーク・ライフ・バランスを実践してください

はじめに「無駄な仕事をなくしてください」だが、みなさんも日ごろ仕事に取り組むなかで、無駄と感じるような仕事の指示を上司から受けた経験があるのではないだろうか。例えば、必要性のない資料の作成や会議の開催などが挙げられる。報告する内容にもよるが、会議用の読み原稿は、作成に半日以上の時間を要することもあるため、急に頼まれると通常業務にも大きく影響してしまう。このように、上司から部下への指示の出し方次第で、部下の仕事は楽にもなるし大変にもなる。

一方で、普段から無駄と感じている仕事も、担当職員の判断だけでやめることは難しい。そこには管理職の判断が必要となる。また、こうした仕事について、部下が「やめたい」と思っても、なかなか上司には言い難いものでもある。忙しい業務のなかで、管理職が一つひとつの仕事に目配せするほど余裕がないのも事実であるが、普段から部下とコミュニケーションを取りやすい関係性を構築し、情報の収集などに努めることはできるのではないだろうか。これらのことを意識しながら、部下の仕事が楽になるような仕事の頼み方や減らし方を普段から心掛けてほしいと第一にお願いした。

次に、「部下を褒めてあげてください」だが、私は上司からのちょっとした一言（褒め言葉）が、部下の仕事に対するモチベーションを著しく高める場面に遭遇したことがある。この事例については、次章にて詳述するが、この経験から職員のモチベーションを最も高める方法は、昇給や昇任といった制度的なことではなく、首長や上司からの声がけだと感じるようになった。

人は多かれ少なかれ「人から認められたい」という承認欲求を持っている。しかし、普段の生活のなかで褒められることや自分の価値を他者から認められていると実感できる場面に遭遇することは少ない。「やって当たり前」と思われがちな公務員なら尚のことである。だからこそ、ちょっとしたことでも褒めることが大切なのだ。その点から、2つ目として、部下が結果を出した時には、その成果を認めるちょっとした一言を部下に伝えてほしいとお願いした。

最後に、「ワーク・ライフ・バランスを実践してください」だが、上司の働き方は、ある意味、部下にとって働き方の見本となる。上司が早く帰る人であれば、必然的に、職場内に帰りやすい雰囲気が醸成される。その一方で、業務終了後もなかなか帰宅せず遅くまで残っている上司の場合には、何となく帰りづらい雰囲気となってしまうものだ。また、休暇についても同様である。上司が定期的に年休を取得すれば、部下も休みやすい。実際、仕事の状況をみながら定期的に休暇取得に心掛けていた課長が上司のときには、私自身の年休取得率も伸びた。こうした点から、3つ目として、管理職自らがワーク・ライフ・バランスの実践者として、働き方の見本を部下に示してほしいとお願いした。

「働き方改革」を進めていくうえで最も大事なことは、職員一人ひとりの意識改革だと私自身は感じている。しかし、一人ひとりの意識改革を進めていくためには、課長や係長のマネジメント力が必要不可欠である。ただ、マネジメント力といっても具体的に何をすべきかイメージがわきにくい。そこで、マネジメントを実践する第一歩として、「3つのお願い」の実践が私自身は有効だと感じている。きっとこの3つの要素を実践することで、部下が働きやすい職場環境が生み出されるだろう。

出番があるまで肩を温めておく

ここぞという時に抑えるリリーフエースの言葉のようだが、これは水戸市職員の須藤文彦さんの発した名言である。須藤さんは、私が尊敬する自治体職員のお一人だ。３月から４月にかけて、ＳＮＳ上では人事異動の話題で持ちきりになるが、その度に、私はこの須藤さんの言葉を思い出し、異動希望が叶わなかった後輩たちへの励ましの言葉として活用している。

・いつか自分の出番はやって来る

須藤さんといえば紙芝居。そう思っている方も多いのではないだろうか。かく言う私もその一人である。パソコンを使いパワーポイントでプレゼンすることが当たり前の世の中で、須藤さんは紙芝居を自作し、それを使って水戸市の歴史やまちづくりに関するご自身の考えを伝えている。その様子を私も何度か見たが、一枚一枚お手製の紙芝居をめくり、時に笑いを誘いながら話の核心に迫っていく話芸は正に名人級である。

須藤さんと私の出会いは２０１６年のこと。茨城県行方市で行われた「いばらきレボリューション第

５回勉強会」というイベントで初めて会った。その前年、須藤さんは中野区職員を中心とした自主勉強会・ＮＡＳ（Nakano After Six の略）で講師を務めていたが、そのときの様子や日ごろの活動内容をＦａｃｅｂｏｏｋなどで見聞きして以降、どうしても会いたいと切望していた。そのため、初めてお会いしたときには芸能人に会ったような感覚だった。

現在、交通政策課長として、まちづくりの最前線で活躍中の須藤さんだが、本人の希望とは裏腹に、入庁当初からしばらくは、まちづくりの仕事に関わることができなかった。しかし、このような状況にも関わらず、須藤さんは腐ることなく「いつか自分の出番はやって来る。その時のために、ブルペンで出番を待つピッチャーのように肩を温めておこう」と考え、来るべき時に向け公共交通などまちづくりに関するさまざまな活動にプライベートで取り組んでいた。その1つが、水戸ホーリーホックのホームゲーム時におけるアウェイサポーターを対象とした取り組みだった。

「Ｊリーグはまちを活性化させる」と考えていた須藤さんは、その想いを形にするため、対戦相手（アウェイチーム）のサポーターをターゲットに絞った偕楽園案内ツアーを企画した。須藤さん自らがボランティアガイドを務め、紙芝居を使って偕楽園の園内外をブラタモリ風に案内する。この活動を通して、サッカー観戦で水戸市を訪れた人たちに同市の魅力を伝えファンになってもらおうという考えだ。実際、私も２０１７年にモンテディオ山形のサポーターとして須藤さんのツアーに参加したが、紙芝居を使った解説は非常にわかりやすく、偕楽園の成り立ちやあまり知られていない楽しみ方を学ぶことができた。恐らく個人で訪れるよりも、偕楽園の魅力を数倍数十倍知ることができたと感じている。なお、紙芝居の内容は、偕楽園の説明に関するものだけでなく、水戸市と対戦相手のホームタウンとの比較など多岐にわたっており、その手間のかけ方は半端なかった。水戸市を元気にするために、ここまでのことをボランティアで続けている。そうしたところが須藤さんの凄いところである。余談であるが、この須藤さんの取り組みに感銘を受け、水戸ホーリーホックのクラウドファンディングで寄付を行ったツアー参加者もいるということだ。

・置かれた立場で全力を尽くす

現在、須藤さんは念願叶って公共交通を所管する交通政策課長を務めている。以前お会いした際に「肩を温めていた期間のさまざまな活動が、いま、仕事に活かされている」と教えてくれた。「人事」は、一人ひとりの希望をすべて叶えてくれるものではない。おそらく、職員の希望より組織の状況などが優先されて職員配置が決定されるケースも少なくないだろう。場合によっては、誰かの希望を叶えるために、他の誰かが特段の理由もなく希望しない部署に異動するケースもあるに違いない。このような状況から、私は**人事異動に一喜一憂せず、置かれた場所で全力を尽くす**ことが大事だと考えている。そして、須藤さんのように、希望する部署に配属されていない期間は肩を温める時だと割り切り、公私両面で希望する職場にいくための準備を整えるよう心掛けている。

また、この話題に関連して普段から感じていることが1つある。それは、仕事ができる人はどの部署に配属されても結果を残しているということだ。自治体の仕事は土木建設（ハード）から福祉教育（ソフト）まで大変多岐にわたっている。そのため、他課への異動は転職に匹敵するほどギャップを感じることもある。そのような状況にもかかわらず、できる人は常に仕事の目的を意識し、その目的を達成するための方法を考え実践する。そして、新たな価値を生み出している。その一方で、どの職場に配属されても「できない理由」を並べ立て、何の結果も残せず、「この仕事が合わない」と愚痴ばかりこぼしている人もいる。自治体職員は、同じ試験制度で採用されていることから資質に大きな差異はない。それでは、仕事の出来不出来はどうして生み出されるのだろうか。その違いは意欲の差だと私自身は感じている。

ここ数年、公務員の世界にも転職する人が増えてきた。このような動きのなかで1つ気になることがある。それは、入庁から数年のうちに辞めていく若手職員が増えているということだ。そして、そのなかには、人事の希望が叶わないことを理由に辞めてしまう人がいる。こうした若者が増えている理由の1つが「地方創生」にある。公務員志望の学生と話したときに、「なぜ公務員になりたいの」と聞いたところ、「公務員になって地方創生に貢献したい」との返事が返ってきた。そこで、すかさず「君が考える地方創生は何？」と聞いたところ、「観光やシティプロモーションなどの活動を通して、定住人口や交流人口を増やすこと」と告げられた。こうした学生が自治体に採用され、税や福祉、住民票の交付の窓口に配属されたらどう思うだろうか。きっと仕事に対するモチベーションは落ちるだろう。しかし、役所の仕事は、どれも大事なものであり、あらゆる仕事が地方創生に貢献している。そのことを地方創生に憧れる若手職員や学生にも伝え、「肩を温める大切さ」を教える必要があるだろう。

人事は職員のモチベーションに大きく影響を与える。そのため、組織としては職員が納得いくような制度を構築することが重要だ。その一方で、私たち職員は、どの部署に配属されても職務を全うしようとする意識を持ち続けることが必要なのである。そのような意識で仕事に取り組むことが、職員としての資質を高め、周りからの信頼にもつながる。そして、希望する部署に異動する可能性を高めてくれる。「肩を温めておく」は、こうした意味が秘められている。

1週間の時間割を考えてみよう

「コミュニティの活動をはじめたいが、仕事が忙しくて取り組む時間がない」という方が多い。そんな方におススメしていることが、この1週間の時間割を考えることだ。ここ数年、「働き方改革」などをテーマに講演依頼をいただく機会が増えているが、こうしたテーマのときには必ず話す私の大切なネタである。

・1週間のうち使える時間

この1週間の時間割だが、私が考えたものではない。元々は、さいたま市職員の島田正樹さんが考案したものだ。先にお話した宮崎県延岡市での管理職研修の際に、年齢も立場も上の管理職のみなさんに「ＷＬＣＢの必要性」をどう伝えて良いか悩んでいた。そのような時に、某雑誌に掲載された「1週間＝１６８時間にどう優先順位をつけ、どう使っていくのか」と題した島田さんの寄稿文を発見した。そのなかで、島田さんは、「1週間のうち使える時間は１６８時間、このうち、何に、どのくらい使っているかを考える。そうすると、何に使っているかわからない時間が見つかる。その時間はきっとＳＮＳやゲーム、テレビを見ている時間だろう。こうした無意識に使っている時間は、新しい何かに使える財源となるかもしれない」と自身の考えを述べていた。島田さんの考えに触れ、正直、目から鱗が落ちる感覚だった。そして、この1週間の時間割を用いて、管理職のみなさんにＷＬＣＢの意味を感じてもらうことにしたのである。

1週間の時間割について話しをするにあたり、まずは自分の時間割を考えてみることにした。1週間の時間割を把握するためには、まずは1日のスケジュールをふり返る必要がある。私の起床時間は通常3時である。朝早く起きる理由は、朝の時間を利用して東北ＯＭに関する作業（勉強会の準備など）やＳＮＳなどを活用した情報発信などを行うためである。こうした活動を私は朝活と呼んでいる。この朝活を7時まで行い、その後、朝食をとり身支度を整えて出勤する。仕事は可能なかぎり定時で終了し仕事が終わり次第速やかに帰宅する。自宅に戻ってからは家族と一緒に夕食をとり、朝活に備えて子どもと一緒に早めに就寝する。睡眠時間は1日平均5時間あまり。以上が、私の大まかな1日の流れである。

なぜ私が朝活に取り組むようになったのか、話をしておきたい。私が朝活をはじめたのは子どもが生まれてからのことだ。それまでは、朝活に取り組むことはなく、東北ＯＭの活動なども夜に行っていた。しかし、子どもができてからは、子どもが起きている時間に各種作業をしようとしても、話しかけてくる子どもを無視するわけにもいかず、なかなか作業に集中することができなかった。

そこで、思い切って早寝早起きの生活習慣に変えたのである。子どもと一緒に布団に入り、子どもよりも早い時間に起きる。これにより、私は、プライベートの活動に要する時間を、朝の時間帯に確保することにした。また、これに伴い、妻も自分の時間を確保することができるようになったのである。育児が大変でプライベートの活動に取り組む時間が確保できないという方には、この朝活をおススメしたい。

話しを1週間の時間割に戻そう。先ほどの1日のスケジュールを1週間に拡大すると以下のような配分になる。まず睡眠時間だが、5時間睡眠が7日で35時間、割合にして21％となる。ちなみに、6時間睡眠の方なら25％となるだろう。仕事は7・75時間が5日なので、およそ39時間となり、割合でいうと23％となる。時間外勤務が多い人は、その状況に応じてこの割合が多くなるだろう。通勤など雑時間を10％くらいと想定すると1週間で17時間ほどとなる。それ以外の時間がフリーの時間となるわけだが、私の場合は毎日朝活に充てる時間を4時間ほど確保しているため、1週間で28時間、割合でいうと17％が朝活時間というわけだ。そして、それ以外の49時間、割合でいうと29％が、「その他」の時間になる。なお、この「その他」に「朝活」を加えた時間が、家族と共に過ごす時間、趣味的な活動や自主研活動などに資する時間、つまりＷＬＣＢでいうところのライフとコミュニティに充てられる時間になる。

・「その他等」の時間

この1週間の時間割を役所の財源に当てはめて考えてみよう。「睡眠」「仕事」「雑時間」は、生きていくうえでは必要不可欠な時間と捉えることができる。その点では義務的経費と考えられるだろう。一方で、「朝活時間」「その他」（以下、「その他等」）は、生きていくうえでは必須なものではない。ただ、人生を豊かにするためには、この時間の使い方が非常に重要である。そうした意味では、投資的経費と捉えることができるだろう。自治体の政策をより良いものにしていくためには、投資的経費の割合を確保し、かつ質を高めることが大切だ。それと同じように、ＷＬＣＢをより良いものにしていくためには、投資的経費にあたる「その他等」の時間を確保し、その時間を有効活用していくことが大切である。つまり、「その他等」の時間を質量ともに充実させることが、日々の生活を充実させ人生を豊かにすることにつながるということだ。

それでは、どうすれば「その他等」の時間を質量ともに充実させることができるのだろうか。まずは、**量の充実だが、これは時間外勤務をしないことに尽きる。**つまり、義務的経費にあたる「仕事」の割合を増やさず、「その他等」の割合を十分確保するということだ。そのため、業務改善などに取り組み、仕事の質を維持向上させながら時間外勤務の削減に取り組んでいくことが大切なのである。次に、**質の充実だが、これは「その他等」の時間に含まれるライフとコミュニティに関する各項目の時間配分**

をバランスのとれたものにしていくことが大切だ。例えば、家庭を疎かにしてコミュニティの活動に没頭していては、家族の理解は得られないだろう。これでは「その他等」の時間帯が、質的に向上しているとはいえない。家庭によって求められることは違うだろうが、育児や家事など家庭のことにもしっかり対応しながらコミュニティの活動に取り組むことが大切なのである。

　こうした意識を持ち、「その他時間等」を充実したものにすることで、自然とＷＬＣＢはより良いものになっていくだろう。コミュニティの活動に取り組めない理由の１つに、時間がないと言う方がいるが、時間を生み出すことはちょっとした工夫で実現できる。そのための第一歩として、１週間の時間割を、みなさんも考えてみてはどうだろうか。

仕事をするうえで大切な４つのワーク

２０１７年７月、山形市は市内を循環するコミュニティバス（愛称：ベニちゃんバス）の運行内容を大幅に見直し、バス事業者や商工会議所など関係機関と連携しながら市中心部におけるバス路線の再編を実施した。私は担当係長として当事業に関わったが、この仕事を通して学んだことがある。それが仕事に取り組むうえで大切な４つのワークだった。

・チームワーク、ハートワーク、ネットワーク、フットワーク

２０１６年４月、私は企画調整課に異動し交通企画係長を拝命する。担当業務のなかには、鉄道や空港の利用拡大に加えて、市が運行するコミュニティバスの運行業務もあった。実は、コミュニティバスに関して、私は過去に苦い思い出があった。それは行政評価を担当していたときのこと。私は事業ヒアリングで当時の交通政策担当に「やればやるほど赤字になるコミュニティバスなんてやめたほうが良いんじゃないですか」と失礼な物言いをしてしまった。その横柄な態度に相手は憤慨し「そう思うなら、自分でやってみろ」と言われてしまった。それから10数年が経ち、自分がコミュニティバ

スの担当係長になるとは、なんとも皮肉なものである。

　交通企画係長になり、前任との引継ぎのなかで、コミュニティバスの新たな路線を整備し、これに合わせてバス路線の大幅な見直しを行う計画があることを知った。それから１年３か月、紆余曲折ありながらも直属の上司と係員の３人で力を合わせ、無事に当事業をやり切ることができた。バス路線の再編を行う際には、沿線住民や商店街、交通事業者など多くの利害関係者との調整が必要であり、再編の規模が大きくなるほど、その調整は困難なものとなる。私たちの取り組みも、商工会議所が運行し年間30万人が利用する中心街１００円循環バスの廃止を伴うものだっただけに、当然、一難去ってまた一難という状況だった。しかし、大変な経験だったがゆえに、チームワーク、ハートワーク、ネットワーク、そして、フットワークという仕事をするうえで大切な４つのワークの大切さに気づくことができたのである。

　第一に、チームワークとは何か。それは役割分担の大切さである。このバス路線の再編には、前述したとおり、私を含め３人の職員が関わることになった。この３人はキャラがまったく異なっており、それぞれに得意分野が違っていた。具体的には、巧みな交渉術と押しの強さを併せ持つ課長補佐、物腰が柔らかく利害関係者との調整力がある係長（私）、書類作成など事務作業能力に長けた係員といった具合である。常日頃から、３人の間ではこうした各々の強みを最大限活かしながら仕事を進めていこうという話になっていた。チームワークというと、チームのメンバーが共同して取り組むというイメージが強いかもしれない。しかし、私はむしろ役割分担のほうが重要だと考えている。メンバーそれぞれの強みを活かした仕事の割りふりを行い、任せる部分は信頼してとことん任せる。ただし、どうしても一人で担いきれない時には、協力し合い共同で取り組んでいく。こうした役割分担と連携のバランスを上手に取りながら効率的に仕事を進めていくことが、本当の意味でのチームワークなのではないだろうか。なお、こうしたチームワークに対する考え方は、イギリスの自治体を視察した際に、同国の民官連携（協働）の仕組みから学んだことでもある。

次に、ハートワークとは何か。それは丁寧な対応の大切さである。バス路線の再編を進めるにあたり、いろいろな利害関係者にその必要性を理解してもらわなければならなかった。そのため、何度もくり返し説明会を開催するなど、どの関係者に対しても丁寧な対応を取るよう心掛けた。しかし、唯一、市が説明を行わず、別な組織に対応を任せてしまったケースがあった。案の定、これらの関係団体から不満が噴出し、改めて市からの説明を求められることになった。一度関係がこじれるとそれを修復することは本当に難しい。新たな運行内容に納得してもらうまで何度も足を運び、かなりの労力を要することになった。仕事に限ったことではないが、何ごとも丁寧さを欠いたところから綻びは生じる。あらゆることに心を配り、丁寧に対応する。そのことが物事を上手に進めるうえで大切なのである。

次に、ネットワークとは何か。それはつながりの大切さである。再編前、ベニちゃんバスの認知度はまだまだ低く、どのようにＰＲしていくかが、当事業を成功に導く大きなポイントだった。そのようななか、私たちは報道機関や町内会などと連携し、さまざまな媒体を活用しながら広報活動を行った。また、私自身もフェイスブックなどを活用し地道に情報発信に取り組んだ。これらの活動を続けていくうちに、個人的なつながりからベニちゃんバスの周知にさまざまなサポートを受けるようになった。例えば、フリーアナウンサーをしている仲間から番組への出演オファーを受け、ベニちゃんバスのＰＲをラジオで行う機会を得た。また、福祉関係の仲間からは、ベニちゃんバスのパンフレットを高齢者に配布するサポートを受けた。これらのことから、日ごろのつながりが仕事の質的向上に良い影響を与えることを実感できたのである。

　最後に、フットワークとは何か。それは、現場に足を運ぶことの大切さである。路線再編に伴う乗り間違いを防止するため、リニューアルからしばらくのあいだ、私たちは山形駅前のバスプールに立ち、交代で乗車案内を行った。このような対応をとったことにより、２つの効果があった。１つ目が改善のヒントを得たことである。バス停に立ち、利用者がバスに乗車する様子を見ているうちに、どのような感覚で利用者がバスやバス停の案内表示を見ているのかわかるようになった。それが分かりやすい案内表示の迅速な見直しにつながった。２つ目が信頼の獲得である。連日30℃超えの暑さのなか、私たちは、バス停の前に立ち声がけを行った。そのことで、利用者や乗務員からの信頼を高めることができたのである。これに関連して面白いエピソードがある。リニューアル直後、私たちに「路線を見直したことでわかりにくくなった」と不満を漏らしていた高齢の女性がいた。その女性は毎日ベニちゃんバスを利用していたため、私たちが交代で乗車案内をし続けている姿を見ていた。こうした事情があってか、徐々に路線の見直しに理解を示すようになり、2週間後には、「毎日、お疲れさま」と言ってジュースを差し入れてくれるまでになった。現場で誠意を持って対応していると信頼度が増す。そのことを、この女性から学ぶことができたのである。

これら4つのワークを重視しながら仕事を進めることにより、どのような仕事でも、その質は高まるだろう。**「役割分担」「丁寧な対応」「つながり」「現場感覚」**を大事にする4つのワークを意識しながら是非仕事を進めてほしい。

１週間くらいじゃ取っても意味がない

育児休業（以下、「育休」）に対して、私はそのように考えていた。しかし、実際に取得してみると、その考えは間違いだった。そう感じるくらい育休は私にとって気づきの多い素晴らしい経験だったのである。そして、今では、これから育児に取り組む後輩たちに「短期間でもいいから育休は取得すべき」と伝えるまでになっている。

・育休に対する誤解

２０１９年の３月下旬から４月上旬にかけて、私は１週間ほど育休を取得した。私が育休を取得した背景には、山形市役所が、男性職員の育児参画に積極的に取り組んでいることが挙げられる。山形市役所が、このような取り組みをはじめるきっかけは２０１６年のことだった。男女共同参画課が、ＮＰＯ法人ファザーリング・ジャパンの安藤哲也さんを招き「イクボス研修」を実施し、その際に市長がイクボス宣言を行ったところに端を発している。これがきっかけとなり、さまざまな取り組みが推進されることになった。

私は、山形県内で男性の育児参画の普及啓発に取り組む「やまがたイグメン共和国」の活動に参加している。この団体は2013年に発足したが、そのキックオフイベントのゲストが安藤さんだった。つまり、安藤さんとは、山形市役所でイクボス研修が行われるずっと前からつながっていたのである。安藤さんからは事あるごとに山形に足を運んでいただき、父親が育児に関わる意義や楽しさなどについて教わっていた。私がファザーリング・ジャパンの活動に共感している理由は、「父親であることを楽しもう」というコンセプトにある。父親に求められる役割は家庭によって大きく異なっており、家事が求められる場合もあれば、子どもへの教育を期待されている場合もある。しかし、「父親を楽しむこと」は、どの家庭においても共通して求められることではないだろうか。「父親なら○○すべき」と決めつけることなく、「まずは父親であることを楽しもう、そして、楽しむために何をすべきか、一人ひとりが考えよう」というスタンスに私は大いに共感している。

・育休で育児や家事にたくさんの気づき

公私にわたりイクメン等の活動に取り組んできた私だが、実は自分が育休を取るとは夢にも思わなかった。

それでは、なぜ、私が育休を取得する側の人間になったのだろうか。その要因は、人事部門による積極的な情報発信により、育休に対する不安が払拭されたことにあった。育休を取得するまでは、育休を取得すると給与や組織からの評価が下がるとの誤解があった。また、育休を取得するに当たっては、半年や1年など、ある程度まとまった期間を取る必要があると勝手に思い込んでいたのである。このような多くの男性職員が抱いていた育休に対する誤解を払拭するために、人事部門では育児に関する相談会やニューズレターの発行などを行った。また、子どもが生まれた職員に市長がメッセージを伝える面談の機会を設け、その場で育休に関する情報などを伝える取り組みなども行っている。こうした活動により、育休に関するハードルが徐々に低くなっていき、まずは1週間程度、育休を取得してみようと思うようになったのである。

それでは、なぜ、1週間だったのか。そこには2つの理由があった。第一に、その程度の期間であれば、仕事の段取りをつけることができるということである。育休前に仕事の段取りをつけておけば、復帰後に仕事が大量にたまっていることはなく、周りに迷惑を掛けることも少ない。第二に、大きな収入減につながらないということだ。実は、これが最大の理由かもしれない。わが家の場合、育児の関係もあり妻は定職に就いておらず、私の給料だけが家計を支える収入源となっているため、「収入が減るくらいなら育休を取得する必要はない」と妻から言われていた。恐らく全国一律ではないと思うが、山形市の場合は、期間や取得日など、一定の条件が整えば、育休を取得しても大幅な収入減とならない場合もある。こうした取得しやすい条件を山形市役所のように人事の担当職員が男性職員にアドバイスすることも、男性の育休取得を促進させるうえで非常に重要なことだと感じている。

このような経緯から育休を取得した私だが、「短い期間でも育休を取得すべき」と感じるようになった理由は、育休が「育児のため」という明確な目的をもった休暇だったからである。これにより、育休期間中はできるだけ育児に関わろうという意識が強くなった。また、言葉には出さなかったが、「何のための休みなの」という妻からの見えないプレッシャーもあった。このような状況から、可能なかぎり、生後7か月だった次男の育児に関わろうと心掛けるとともに、育休期間中は少なくとも洗い物はすべて自分がするつもりで臨んだのである。残念ながらもう1つの目標だった「料理にチャレンジする」ことは実行に移せなかったが、上記2つの目標はしっかり達成できたと感じている。また、育児に対する意識が高くなると、不思議なことに普段感じることのできない妻の大変さに気づくことができた。

職場によって育休取得のしやすさは違うだろう。また、人によって忙しさも異なる。そのため、すべての男性職員が一律に育休を取得することが難しいことはわかっているが、もし可能なら短くても良いから、パパたちには育休を取得することをおススメしたい。どんなに短くても、年休で家にいる時とは心の持ちようが違う。心の持ちようが違うと感じ方も違う。感じ方が違うと、普段、気づかないことにも不思議と気づいてしまう。そのため、**育休取得により、育児や家事に関してたくさんの気づきを得ることができるだろう。その気づきは、その後の育児と妻との関係性にきっと良い影響を及ぼすに違いない。**

最後に、今回、私が育休を取得したことに対する妻の感想をお伝えしよう。なお、この感想は育休最終日に聞いたものである。

「いつもなら既に出勤している8時過ぎまで子守りをしてくれて本当に助かった。そのお陰で、私はゆっくり眠ることができた。それだけでも有難いことだった。それが今日で終わってしまう。明日からはゆっくり眠れないのが本当に残念。洗い物もしなくてすんで助かった。できれば、これからも洗い物は続けてね」

コラム

市役所人生で最も印象に残る1年

それが２０１７年度に対する私の印象だ。その理由はなぜか。それは、本書でも何度か登場する「ベニちゃんバス」のリニューアルに取り組んだ年だからである。ベニちゃんバス東くるりん（新規路線）の運行開始に合わせて市中心部のバス路線を大幅に見直した。おそらく私の役所人生のなかで、最も規模が大きく、最も多くの市民に影響を及ぼす仕事となるだろう。２０１７年７月３日、このリニューアルを記念する出発式が行われた。その日は前日まで雨の予報。「青空のもと、記念すべき出発式を行いたい」という私の願いは、残念ながら、叶えられそうもなかった。それでも私自身は最後まで天気が良くなると信じ、前日の夜も布団に入りながらこまめに天気予報をチェックし続けた。そうしている間に、なんと夜が明けてしまったのである。後にも先にも、ここまで思い入れのある仕事はないと感じている。

仕事面で充実した２０１７年度だったが、プライベートの活動も負けず劣らず充実していた。毎年、親子で参加しているマタギ体験合宿。これを初めて経験した年でもあり、また、大分県主催の研修に講師として参加するなど、九州をはじめ、全国各地の方々とも盛んに交流することができた。そのような数々ある思い出深き1年のなかで、たくさんの素敵な言葉と出会ったが、そのなかでも特に印象に残っている3つを紹介しよう。

①ロジカルよりフィジカル

この言葉は東北OM北秋田勉強会で、樋渡啓佑さんからお聞きしたものだ。樋渡さんといえば、2011年の仙台勉強会を皮切りに、毎年のように東北OMに足を運び、笑いを挟みながら心に残る貴重な話を私たちに届けてくれる。こうしたなかで、東北6県のなかで唯一樋渡さんをゲストに招いた勉強会を開催していなかった秋田県での勉強会が企画された。それが北秋田勉強会だったのである。

樋渡さんの凄いところ。それは、毎回、心に残る新語を私たちに届けてくれることだ。講演活動を行っている方のなかには、正直、毎回同じような話を繰り返す方もいるが、樋渡さんは、そうではない。話はいつも新鮮で、決して劣化することはない。だからこそ、樋渡さんの講演を聞く際は、いつも心がワクワクする。

北秋田勉強会でも、私たちにたくさんの心に残る言葉を届けてくれた。そのなかで最も印象に残るものが「ロジカルよりフィジカル」だった。新しい価値を生み出すためには、行動を起こさなければならない。しかし、行動を起こす前に、どう進めれば良いか考え過ぎてしまい、結局、前に踏み出せないで終わってしまう人が多いように感じる。このような人たちに対し、樋渡さんは「考えることは大事だ。しかし、考え過ぎて行動を起こせないのでは意味がない。まずは始めてみること。そして、動きながら修正していく。ロジカルよりフィジカルで対応していくことが大切だ」と話してくれた。樋渡さんから教わった言葉のなかで、私は動きながらより良いものにしていく「修正力」という言葉が好きだが、これからも「ロジカルよりフィジカル」を意識しながら「修正力」を磨いていきたいと考えている。

②つながりのメリットは3つのション

この言葉は、月刊ガバナンスの連載コラム『「つながる」力』で、新潟市の渡邉秀太さんから学んだものだ。この連載は、つながりを仕事やプライベートに活かしさまざまな活動を実践している、あるいは実践しようとしている自治体職員によるリレー式連載コラムで、執筆者の人選を私が担当している。全国には面白い人財が数多く存在しているため、毎回悩みながら人選しているが、ある時、ふと新潟市の渡邉さんの「つながりへの想い」を聞いてみたくなった。そう思った理由は、「新潟せいさく所」と「にいがた市士の陣」という2つの自主的な活動に取り組み、その活動メンバーで考えた提案が評価され、庁内外で表彰を受けた経験がある渡邉さんならば、「つながり」の活かし方について、多くの人が共感するメッセージを発信してくれると思ったからである。その期待に渡邉さんは見事に応え、誌面を通して、つながりを持つこと、言い換えれば、ネットワーク活動に取り組むことのメリットを3つのションを用いて、私たちにわかりやすく伝えてくれたのである

3つのションとは、「インフォメーション」「モチベーション」「コラボレーション」である。「インフォメーション」とは情報のこと。インターネットを利用すれば、数多くの情報を入手することができる。しかし、それは誰もが手に入れられる情報だ。これに対して、つながりを通して人伝に得られる情報は、限られた人しか入手できない。今はインターネット全盛の時代だが、こうした時こそ、人伝に得られる情報を入手できる人が情報収集能力に長けているといえるのではないだろうか。次に、「モチベーション」とは意識のこと。東北でも、九州でも、自治体職員が抱える悩みや課題に大きな差はない。そのため、ネットワーク活動に取り組み、つながりが増

えると、自分と同じ課題に懸命に立ち向かっている仲間の頑張りを見聞きするケースが増えてくる。懸命に頑張る仲間の姿は、何よりもモチベーションを高めてくれる貴重なものではないだろうか。最後の「コラボレーション」は連携のこと。つながりが広がれば、弱みを補ってくれる仲間や、自らの強みを増強してくれる仲間とつながることができる。そのつながりを、仕事や知域活動に活かすことで、活動の質は高まる。そして、その質の高まりが周りから評価されれば、仕事の連携へと進化するケースも増えていくのではないだろうか。私は講演などでこの3つのションを紹介し、つながることの意義を伝えている。つながることの大切さを伝えるうえで、言い得て妙な言葉なのである。

③淵黙雷声（へんもくらいせい）

この言葉は、四国ＯＭ今治勉強会で、岡田武史さんからお聞きしたものだ。岡田さんといえば、サッカー日本代表監督として、過去2度にわたりワールドカップで指揮をとった名将である。岡田さんが監督を務めたフランス、南アフリカの両大会を、テレビにかじりつき画面越しに精いっぱい声援を送った私にとっては、正に憧れの方とのはじめての出会いだったのである。

岡田さんが教えてくれた淵黙雷声は、お釈迦様に因んだある逸話に由来している。その逸話とは「昔、弟子がお釈迦さまに『悟りとはどういうものでしょうか？』と尋ねたところ、お釈迦さまは深く黙した（淵黙）。しかし、その弟子にとっては、淵黙が雷のような大きな声を発したように聞こえた。つまり『ここにいて悟りがどうのこうのと能書きを垂れているくらいなら、修行して一歩でも悟りに近づくように踏み出しなさい』ということを無言で伝えた」というものである。

岡田さんは、この話を通して、主体性をもって、自ら行動を起こすことの大切さを諭してくれた。そして、人材育成で大事なことは、この「主体性」を身に付けさせることであり、そのために相手の想いや能力を引き出してあげることが大切なポイントだと語った。部下を持つ立場になると、業績向上だけでなく、部下の育成も大事な使命となることから、岡田さんの話を肝に銘じながら部下の育成にもしっかり取り組んでいきたい。

第4章

人財を育てる

係長研修の講師は先輩係長

みなさんの自治体でも、職員の能力向上や意識改革を目的に、さまざまな形で職員研修が行われているのではないだろうか。わが山形市においても、職階別研修や、プレゼンテーションなどのテーマ別研修といった多彩な研修プログラムが組まれている。これらの研修のうち、職階別研修として行われる係長初任者研修（以下、「係長研修」）が、他の研修と異なり特徴的なものとなっている。どのような点で特徴的なのか。それは、数年前に同じ研修を受講した先輩係長がすべてのプログラムで講師を務めているところである。

・研修講師に選ばれて

係長になりたての2013年、私も係長研修を受講した。その時、講師を務めている先輩係長の大変そうな様子を見て、「この研修の講師には絶対に選ばれたくない」と思った。しかし、不思議なもので、そう思っている人ほど、そうした役回りが回ってくる。3年後、企画調整課に異動したばかりで毎日慌ただしく過ごしていた私のもとに、職員課からJST基本コース（人と仕事のマネジメント研修）指導者養成課程研修会（以下、「指導者養成研修」）への受講要請が届いた。この研修は、係長研修のプログラムであるＪＳＴ基本コース（人と仕事のマネジメント研修）の講師を養成するための研修である。つまり、この研修を受講するということは、係長研修の講師を務めることが約束されたようなものだ。そのため、受講要請の依頼文を見た瞬間、正直、赤紙が届いたような心境だったのである。

頼まれごとは基本的に断らない。それが私のモットーである。このときも、職員課からの要請を快く引き受けることにした。２０１６年5月、私は、4日間にわたる指導者養成研修を受講した。この研修では、チームリーダーである係長に求められるマネジメント、リーダーシップ、コミュニケーションという3つのスキルについて学ぶとともに、それらの項目に関する指導者としてのレクチャーの方法を教わることができた。また併せて、同じ研修生を相手に実際に講師を務める実務演習にも取り組んだのである。

係長研修で採用しているＪＳＴ基本コース（人と仕事のマネジメント研修）は、講師の話しを聞くだけの受け身の研修ではなく、受講者自らが主体的に考えながら学びを深めていくところが特徴的だ。研修はテーマ別に4つのパートに分かれているが、どのパートでも、はじめに受講者に対して、それぞれのテーマに関する「問い」が出される。例えば、「マネジメント」がテーマのときには、「仕事を進める上でビジョンを持つことの意義は何か」という問いが出され、受講者自らが、その答えを考える。その後、受講者が自らの考えを発表することになるわけだが、あくまでも受講者の主体性を尊重し、考えがまとまった人から手を挙げて発表することになっている。そのため、講師は誰も手を挙げない場合であっても、答える人を指名することはできず、誰かが手を挙げるまで待つしかない。ここが、この研修の講師を務めるうえで最も大変な部分である。受講者は、「問い」を考え、自らの意思で発表することで、それぞれのテーマに関する自分なりの考えを整理することができる。また他者の意見を聞くことで多様な価値観を共有することもできる。こうしたプロセスを経ることで、単に講師の話しを聞くだけよりも理解が深まるのである。

・研修講師をすることで新しい気づきが

この指導者養成研修が終了してから2週間後、早くも私は講師としてのデビュー戦を迎えることになった。前述したとおり、係長研修は4つのパートに分かれているが、デビュー戦は主にリーダーシップをレクチャーすることになった。人に教えるということは、自分にとっても大きな学びになる。事実、この研修で講師を務めたことにより、リーダーシップについて、私自身、たくさんの気づきを得ることができた。その一例を紹介しよう。

研修のなかで、私は、チームリーダーである係長には、「業績の追求」と「メンバーの満足感の維持」が求められており、最終的に、係長は「仕事の目標達成」と「メンバーの成長」を達成するためにリーダーシップを発揮しなければならないという話をした。この話しを通して、私は、改めて「人材育成」の大切さを感じるとともに、その役割をこれまで十分に発揮できていないことに気づくことができたのである。どの自治体も予算や人員が潤沢にあるわけではない。その一方で、多様化していく住民ニーズや複雑化していく社会課題に適切に対応していくことが求められている。こうした状況から、職員一人ひとりに求められることは年々大きくなっており、業績を伸ばしていくためには、職員のスキルアップ、能力向上、意識改革は欠かせないだろう。そう考えると、チームリーダーである係長に求められる「業績向上」と「人材育成」は一蓮托生のような関係であり、同時並行的に取り組んでいかなければ、どちらの役割も十分に発揮することはできないのである。私は伊藤忠商事で会長を務めた丹羽宇一郎氏の「人は仕事で磨かれる」という言葉に共感しており、仕事以上に、人の成長を促す機会はないと感じている。そのため、**人材育成にとって、職場におけるＯＪＴ（On-the-Job Training）が最も重要であり、そうした仕掛けを係長が適宜各係員に行うことが重要**だと、この研修を通して感じることができたのである。

研修で人材育成が大事だと教えている以上、自らが、その実践者でなければならない。そのため、「職場においてＯＪＴを上手に機能させるためにはどうしたら良いのだろうか」という問題意識を持つようになり、そのための方法論を常に考えるようになった。まだまだ手探り状態で、こうした方法が良いと具体的にお話しできる状況ではないが、人材育成にとって大事な視点は、係長研修で実践しているような主体的に考える機会を創り新しいことにチャレンジできる仕組みや環境づくりだと私自身は感じている。いずれにしても、これからは、総量としてのマンパワーではなく、一人ひとりの個としてのマンパワーが重要視されていくだろう。このような状況にあって、人を育てる能力こそが、リーダーに求められる最も重要なスキルなのかもしれない。「自分が成長できたのは、後藤さんのおかげ」と言われるよう、私自身もリーダーとしてのスキルアップに取り組んでいきたいと考えている。

職員のモチベーションを高める最良の方法とは？

みなさんなら、この質問にどう答えるだろうか。きっと多くの人が、「給料を上げる」や「異動希望を叶える」など、給与や人事に関することが頭に浮かぶのではないだろうか。しかし、私の答えは違っている。確かに、給料が上がれば嬉しいし、希望した部署に異動してやりたい仕事に携わることができたらやる気は高まるだろう。しかし、それ以上に、職員のモチベーションに影響を与える大事なことがある。そのことを、私は、業務改善発表会「はながさ☆ぐらんぷり」（以下、「はな☆ぐら」）で学んだのである。

・部長のスポンサーシップによる賞金、賞品の授与

「はな☆ぐら」は、山形市で２００５年度から２００８年度までに実施していた業務改善発表会だ。各課で取り組んだ改善事例のなかから優秀なものを選考し、その内容や成果について報告する。その目的は、改善情報の全庁的な共有化と成果を挙げた職員を顕彰することにあり、これにより公共サービスの質的向上を目指していた。この発表会では、毎回、参加者の投票によりグランプリを決定して

おり、組織票対策として一人３事例を選出する投票方式をとっていた。市長であれ、新採職員であれ、一人３票に差はなく、こうしたことが影響してか、当時の市川昭男市長が、「私が選ぶ事例はいつもグランプリに選ばれない」と話していたことを今でも覚えている。発表は趣向を凝らしたものが多く、パワーポイントを用いたプレゼン形式の発表に加え、寸劇形式で面白おかしく報告するものもあった。回を重ねるごとにプレゼンの質が高まったことを考えると、発表会の開催が職員のプレゼン能力向上にも少なからず貢献していたと私自身は感じている。

「はな☆ぐら」の企画運営は有志職員による実行委員会形式で行われた。このような体制のなかで、私は事務局である企画調整課の担当職員として、実行委員会の活動をサポートする立場だった。よく実行委員会形式のメリットについて質問を受けるが、これに対し、私はいろいろな部署から意欲ある職員が集まってくるため、今までの考え方に捉われない斬新で面白いアイデアが数多く生み出されることにあると答えている。当然ながら「はな☆ぐら」でも面白いアイデアがいろいろと実行に移された。そのなかの一つに「部長のスポンサーシップによる賞金、賞品の授与」があったが、実は、この取り組みこそが、私に職員のモチベーションを高める最良の方法を気付かせてくれた出来事だったのである。

３年目となる２００７年度の実行委員会で、ある委員が「発表会のなかで、部長の役割って、あまりないよね」と発言した。当時、山形市は部ごとに経営方針を策定するなど、部を中心に据えたマネジメント改革に取り組んでいた。そうした状況にも関わらず、「はな☆ぐら」では、部長の役割が明確に定まっていなかった。それが、前述の発言につながったわけである。これがきっかけとなり、いろいろと議論した結果、各部長に発表事例の選考と発表事例に対する顕彰の責任者としての役割を担ってもらうことになった。具体的にいえば、発表会に出場する事例の選考を、実行委員会等で決めていた従来のやり方を見直し、部長が中心となり各部で選考する方法に変えた。これにより、各部の代表が発表を行う部対抗形式となった。また、各部長が選んだ事例による発表会であれば、発表者への顕彰も各部長が中心となって行うべきとの声が実行委員会内で起こり、スポンサーシップとして部長のポケットマネーからグランプリに対する賞金と発表事例すべてに授与する賞品を準備することになったのである。

・上司や先輩などからのちょっとした一言

各部長からのスポンサーシップにより集めたお金は、グランプリの賞金2万円、準グランプリの賞金1万円に充てられたほか、すべての発表事例に優秀賞として授与したコーヒーセットの代金となった。優秀賞をコーヒーセットにした理由は、「はな☆ぐら」が、課単位での発表だったことから、実行委員会のなかで、課のメンバー全員で共有できるものが良いとの意見が挙がったことによるものだった。実は、優秀賞にはある仕掛けが施されていた。それは、コーヒーセットの箱を開けると、ふたの裏にスポンサーシップに協力いただいた部長たちの似顔絵が書かれた紙が貼っていたのである。コーヒーを飲むたびに、部長が常日頃から職員の改善を応援していることを思い出してほしいとの思いで実行委員が考えたアイデアだったが、職員のなかには、「部長の顔を見ない方がコーヒーを美味しく飲める」と冗談交じりに言っている職員もいた。

この部長のスポンサーシップにより準備した賞品だが、あえて発表会では渡さず、終了後に、各部長から、発表者に直接渡してもらうことにした。そして、賞品を渡す際には、「素晴らしい発表だった」や「これからも改善に頑張って取り組んでほしい」など、発表者を誉める一言を必ず添えて渡してほしいとお願いしたのである。その結果、多くの発表者が「普段、あまり話したことがない部長に褒められて嬉しかった」「モチベーションが上がった」といった感想をアンケートで寄せてくれた。発表事例に選ばれた当初は、「プレゼン資料の作成など、準備が面倒くさい。こんなことなら選ばれなければ良かった」と、ほとんどの発表者が不満をもらしていた状況を考えると、うそのような結果になったのである。

この様子をみて、私は**職員のモチベーション向上にとって最も大切なことは、給与や人事といった制度的なものではなく、上司や先輩などからのちょっとした一言だ**と感じるようになった。つまり、「あなたがいてくれて良かった」と言ってもらえることが何よりの励みであり、やりがいにつながるということである。どんなに高い給料をもらっても、どんなにやりがいのある仕事でも、人間関係が良くない環境のなかでは、モチベーションを維持することは難しい。逆に、どんなに辛い仕事でも、また、希望しなかった人事異動であっても、その職場の人間関係がよければ仕事に対するモチベーションは高まるのではないだろうか。そして、人間関係をより良いものにしていく最初の第一歩が、前述したような、上司から部下へのちょっとした一言、ちょっとしたほめ言葉なのではないだろうか。私自身、まだまだ実践できているとはいえないが、是非、部下や後輩を持つみなさんには、彼らが何かしらの成果を挙げた時にはちょっとした一言をプレゼントしてほしい。きっとそのことが、彼らのやる気スイッチを押すことにつながり、その結果、モチベーションアップや自信を持つきっかけとなり、成長へとつながっていくのである。

世代交代は必要か？

これは、私が東北ＯＭを立ち上げてから、しばらくの間、悩み続けた問いである。きっと、この問いに関する悩みは、何らかの活動を自ら立ち上げ、動かし続けている人ならば、誰もが一度はぶち当たる壁のようなものではないだろうか。しかし、いま私は、この問いについてまったく悩んでいない。それはあることがきっかけとなり、自分なりの答えを導き出すことができたからである。

・中心となって動く人材の不足

それでは私が世代交代にどう悩み、それをどう解決することができたのか、お話ししよう。東北ＯＭの発足から1年あまり、28名で細々と始まった活動もメンバー数が２００名を超え、勉強会などのイベントも定期的に開催できるようになるなど、その活動は質量ともに急激に充実していった。「東北の自治体職員がネットワークを創り、地域やまちづくりのために面白い活動を展開している」と多方面から評価していただくようになり、東北6県はもとより、それ以外の地域からの参加も徐々に増えていった。これに伴い、勉強会の企画運営や活動に関する問い合わせへの対応など、運営スタッフとして取り組まなければならないことが増えていった。これに対して、運営委員会を組織し役割分担を行いながら取り組んでいたが、中心となって動いてくれる人材は増えなかった。そのため、リーダーとして私に掛かる負担は、どんどん大きくなっていったのである。一方で、東北ＯＭはメンバー間のフラットな関係性を大切にするため、代表などのポストをあえて置かなかった。よく「東北ＯＭ代表の後藤さん」と紹介されることがあるが、それは誤りである。あくまでも私は発起人として代表的な立場でリーダーシップをとっているだけで、決して代表ではない。こうした年々増えていく負担と微妙な立場がネックとなり、なかなか容易に世代交代を行なうことができない状況になっていった。

発足から3年くらい経ったときだろうか。このような状況を打開するため、私は一芝居うった。それまで中心となって東北ＯＭの運営に関わってくれたメンバーを集めて、「もしかしたら役所を辞めるかもしれない。民間の立場で働くことになったら、東北ＯＭのような活動はできなくなる。そうなった場合、今後、どのように東北ＯＭを運営していったらいいだろうか」と問いかけた。もちろん転職の予定などなく、メンバーの真意を探るための芝居である。そのとき、いろいろな意見を聞くことができたが、その多くが「東北ＯＭの活動はとても良い活動だが、後藤さんが活動できなくなることで、その活動が縮小、休止、あるいは解散することになるのならば、それは致し方ないことではないだろうか。きっと誰も後藤さんの代わりはできない」というものであった。こうした仲間の思いを聞き、私の悩みは、ますます深みにはまっていくことになったのである。

こうしたときに、一筋の光明が私にさした。ある時、私は、山形市内でいち早く子育てサークルを立ち上げた方の話を聞く機会に恵まれた。その際、私は「世代交代について、どのように考えているか?また、世代交代に向けて、どのような対策を講じているのか?」という質問を投げかけてみた。すると、その方から「私は世代交代など考えていない。もし私が何らかの理由で育児サークルの活動ができなくなり、この団体がなくなったとしても、その時、この地域のなかで育児サークルに関するニーズがあるならば、きっと他の誰かが同じような活動に取り組むだろう。あとは、その人たちに託せば良いと考えている」という答えが返ってきたのである。

・無理して世代交代をしない

この話を聞き、私の世代交代に対する考え方は180度変わった。無理して世代交代をしなくても良いと考えるようになったのである。そして、それまで東北OMの後継者を創ろうと考えていたことは、東北OMのようなつながりの場を創り続けることが目的ではなく、いつの間にか東北OMという自分たちが創ったネットワーク(組織)を残すことが目的になっていたのではないか、つまり、世代交代は自分のエゴだったのではないかと考えるようになった。そもそも東北OMのリーダーを引き継げるくらいの思いと行動力がある人ならば、誰かが創ったネットワークを引き継ぎたいと思うより、自分がやりたい活動を始めようと考えるはずである。そうした人に東北OMを押し付けるようなことをしても、結局はその人のためにも、東北ＯＭのためにもならないと感じるようになった。こうした状況から、それ以降、私は東北ＯＭにおいて無理して世代交代をしようとは思わなくなり、それまでよりも気楽な気分で楽しく東北ＯＭの活動に取り組むことができるようになった。併せて、東北ＯＭのリーダーとして、自分ができる限界までやり続けようという覚悟を持つことができたのである。ただ、すべての活動が世代交代を行わなくても良いわけではない。地域コミュニティによる地域づくりの活動などは、その集落があり続けるかぎり、言い換えれば、その地域コミュニティに人が住み続けるかぎり、その活動に終わりがあってはならない。そうした組織・団体では、世代交代が必要である。地域づくりに成功している地域コミュニティのなかには、カリスマのようなリーダーがいて、そのリーダーを中心にさまざまな活動に取り組んでいるところがあるが、こうした地域コミュニティでは、地域の衰退を防ぐという意味で、リーダーのあとを継ぐ、次なるリーダーの育成は不可欠である。こうした点から、**それぞれの活動の目的を踏まえて、世代交代の必要性を考えることが大切である。**

「継続は力なり」という言葉があるように、新しい価値を生み出すためには、その活動を継続していくことが大切だ。しかし、その一方で、活動の継続を目的に、無理して世代交代を行うと、逆に、その活動の質を低下させてしまう場合もある。そのため、まずは、その活動を自分自身が誠心誠意やり切ることが大切であり、その結果として、その想いを引き継ぐ誰かが現れた時に初めて世代交代を考えることが大事だと私は考えている。

若い頃、どんな意識（想い）で仕事に取り組んでいたか

このような質問を、若い自治体職員や公務員志望の学生などからよく受ける。その時、私は「とにかく偉くなろうと思っていた。偉くならないと、結局、好きなことができない。だから、仕事で認められることを強く意識していた」と答えている。逆に、私のほうから若者たちに「君たちはそう思わないの？」と聞き返すと、「あまり偉くなりたいとは思わない」や「偉くなること以上に大切なものがあるような気がする」といった答えが返ってくることが多い。このとき、世代間の違いを感じるのだが、実際、私自身は、そのような意識で仕事に取り組んでいたのだから、仕方のないことである。ただ、今は若い頃の意識とは若干違う考えになっている。実は、この意識の変化は、ある学生との会話がきっかけだった。

・「偉くなりたい」と思ったきっかけ

この学生とのエピソードについて話しをはじめる前に、私が若手だった頃の話しを少ししたい。私が最初に配属された納税課（採用当時の課名は収納課）は、職員数が25名程度で、このうち20代、30

代の若手・中堅職員が半数を占めていた。こうした状況もあり、滞納整理という気が滅入る仕事の割には、課の雰囲気は明るく賑やかだった。採用後、はじめて出勤した4月1日に、当時の係長から言われた一言を今でも覚えている。実は、この言葉が、私の仕事に対するモチベーションを高める発奮材料となった。その言葉とは、「税の徴収なんて誰もしたがらない仕事だから、この課に配属されてがっかりしていると思う。でも、いつか希望する課に異動できるときもあるから」というものだった。きっと悪気があって言ったことではないと思うのだが、どのような仕事をする部署なのかわかっていない状況のなかで、自分は人気のない課に配属されてしまったことだけがインプットされたのである。しかし、前述したとおり、この言葉が私のやる気に火を付けた。「だったら仕事ぶりを評価してもらい、次こそ、自分が希望する部署や人気のある課に異動してみせる」と考えるようになったのである。これを機に、他の若手職員とともに、業務マニュアルの作成など、さまざまな改善に取り組むようになったことを考えると、当時の係長の一言が、「偉くなりたい」と思うようになった最大の要因なのかもしれない。

若い頃の私の意識を変えてくれた学生とのエピソード。それは２０１４年にあった。同年5月、山形県酒田市で東北初となる「語る語る」の開催である。前述したとおり、このイベントは公務員志望の学生と現役公務員が同じテーブルにつき、「公務」や「まちづくり」など、「公務員」に関するテーマについて対話を行い、そのプロセスを通して、公務員の使命や本来担うべき役割、仕事のやりがいや魅力を共有することを目的に開催している。その当時、私は福岡発のこの取り組みに強い関心を寄せていたことから、この酒田市で開催されたイベントに思い切って参加することにした。

・偉くなってもらいたい人

当日、私は数多くの学生とさまざまなテーマで対話することができ、これによりたくさんの気づきや刺激を得ることができた。そのようなやり取りのなかで、ある学生が私たち現役公務員に対して「将来、偉くなりたいか？」と質問した。当然、私は前述のような自分なりの考えを学生に伝えたわけだが、その話の流れで、学生たちに同じ質問を聞き返してみた。そうしたところ、ある学生から以下のような答えが返ってきたのである。

「私は偉くなりたいというより、後輩や（役職が）下の人から、この人に偉くなってもらいたいと思ってもらえるような人になりたい。その理由は、そのように下の人から慕われる人こそ、偉くなるべき人だと思うからだ」

この学生の話を聞き、目から鱗が落ちる感覚だった。彼女の言葉に凄く共感するとともに、この学生に比べて自分の考え方が、いかにレベルの低いものなのかと恥ずかしく感じたのである。

この出来事以降、私は、先輩や上司、組織からの評価だけではなく、後輩からの評価も同じように重視するようになった。実際、それまでの役所人生をふり返ってみても、「はな☆ぐら」や東北ＯＭ

など、仕事であれ、プライベートであれ、後輩たちが積極的に参加してくれる活動は、私自身も質が高いものだと感じていたし、また同様に周囲からの評価も高かった。一方で、後輩たちの参加率が低い活動は、自分でも、いま一つと思うようなものが多かったように感じる。こうした状況から、**「後輩からの評価」が、自分自身の活動を評価するモノサシ**だと感じるようになった。みなさんも、自分自身の活動をふり返ってほしい。「いま忙しくて参加は厳しい」と後輩たちから断られた活動は、どのような内容だっただろうか。きっと「この活動に参加することは自分のためになる」と感じるような活動であれば、「忙しくても何とか参加しよう」と後輩たちも思ってくれるのではないだろうか。よく「後輩が自主研に参加してくれない」という話を耳にするが、それは後輩たちが悪いのではなく、その活動に参加するメリットを後輩たちに感じさせることができていない自分たちが悪いのである。何ごとも、他責にせず、仕事やプライベート活動の質を図るモノサシとして、後輩たちからの評価、つまり、参加率や参加に対する積極性など、後輩たちの共感度を意識し自責で物事を考えることが大切なのである。

ただ、ここで後輩たちの評価を考え過ぎて、私自身が失敗した事例を1つ紹介しよう。数年前、私は、山形県内でナンバーワンのシェア率を誇る結婚式場の経営者を講師に招いて自主研を企画したことがある。その目的は、その方の仕事観を多くの若手に聞いてほしいと思ったからだ。しかし、後輩たちに参加してほしいとの思いが強過ぎたあまり、「当日は最近の結婚事情なども聞けるかも」といったキャッチコピーで後輩たちにアプローチした。こうしたことが影響したのか、研修会では、ほとんどの質問が仕事観に関するものではなく、結婚事情に関するものになってしまった。後輩からの評価を気にするあまり、活動の目的を忘れてしまうと、このような結果になってしまう。本来の目的をしっかり後輩たちに伝え、そのうえで共感を得ることが大事だと改めて感じた出来事だった。

ここで話を学生との会話に戻す。当時、彼女は「社会貢献できる仕事がしたい」という思いからＮＰＯ法人で働きたいと考えていたが、私と話したことにより、公務員も選択肢の一つになったと言ってくれた。そして、いま彼女は酒田市で職員として働いている。公務員になってから彼女とは会っていないが、自分の仕事に一生懸命取り組み、後輩から慕われるような良き人材になっていることだろう。そんな彼女に負けないよう、私自身も後輩たちから共感してもらえるような仕事や活動に取り組み、彼らから「この人に偉くなってほしい」と思ってもらえるような人材になれるよう頑張っていきたいと考えている。

地域を思う人材こそ、公務員へ

今、まちづくりや地域づくりに関心を寄せる学生が増えている。それを証明する統計的なデータがあるわけではないが、東北ＯＭの活動に学生が参加するケースが増えていることや、東日本大震災の時に、多くの学生団体と被災地支援の活動を共にしてきた経験などから私自身はそう感じている。しかし、そのような学生が公務員になることは案外少ない。その理由は後段で述べるが、私は、そのことを非常に残念に感じており、こうした地域を思う若者こそ、公務員になってほしいと願っている。

なお、そう思うようになったきっかけも、前項で紹介した学生との出会いによるものだった。

・公務員の魅力を伝えきれていない

この学生は、当時、公務員になるか、ＮＰＯの道に進むか悩んでいた。その理由を彼女に尋ねたところ、このような話しが返ってきた。

「公務員を目指している周りの友だちをみていると、みんな試験に合格することしか考えていない。また、彼らと話をしていても、地域をどうする、といった話題はまったく出てこない。一方で、最近お付き合いしているＮＰＯの方々は、純粋に地域のことを考え行動している。そのような姿を見て、こういった仕事の方が私には合っているのではないかと思うようになった」

彼女のように入学当初は公務員志望だったにも関わらず、２年生、３年生と時が経つにつれ、その気持ちが薄らぎ別な職業を希望する学生が多い。しかも、そうした学生ほど、地域づくりに熱心だ。なぜ、彼らは公務員になりたいと思わなくなるのか。そのことを確かめるために、数多くの学生と話しをする機会をつくったが、その結果、こうした気持ちの変化が起こる理由が２パターンあることに気付いた。１つめのパターンは、公務員以外の職業に公務員以上の魅力を感じてしまうことである。東日本大震災を機に、東北には、多くの社会起業家が誕生した。彼らが立ち上げたベンチャー企業は、被災した地域で復興支援に関するさまざまな活動に取り組んでいる。また、こうしたベンチャー企業に限らず、各地域には社会貢献や地域貢献を目的に活動しているＮＰＯ法人なども数多く存在している。これらの団体は、自治体や大企業と違い、地域等のしがらみに影響を受けず、何事にもフレキシブルに対応している。そのため、動きが速い。こうした団体で学生がインターンとして活動するとたちまち虜になってしまう。先に紹介した学生も、このパターンといえるだろう。

もう一つのパターンは、行政機関に魅力を感じなくなることである。インターンを受け入れる自治体の多くは、学生と共に活動するというよりは、担当する業務の概要説明を行う研修会になってしまい、その結果、職場体験というよりは研修に近いような状況となっている。これでは、公務員の魅力や自治体職員としてのやりがいなどを伝えることなどできない。まして、対応した職員の意識が低ければ、公務員に対するイメージはマイナスに作用するだろう。実際、某市役所にインターンに行った学生からは「担当した職員の話しを聞いても仕事に対する情熱は感じられず、職場の雰囲気も緊張感がないものだった。そのため、自治体に対してまったく魅力を感じなかった。どこの自治体も同じ状況なのか」と厳しい質問を受けたときがある。

・公務員と学生との対話の場を

ここで、話を先ほどの学生とのやり取りに戻すことにしよう。公務員とＮＰＯ、どちらの道に進むか迷っている学生に対し、私は自分なりの考えを伝えた。

「地域活動に一生懸命取り組んでいる学生ほど、ＮＰＯや地域おこし協力隊を目指してしまう。その反面、自治体には試験ができるという意味では優秀なのかもしれないが、想いややる気を持って就職してくる人が以前より少なくなっているように感じる。自治体職員の立場からいえば、前者のような人にこそ自治体を目指してほしい。

確かに試験勉強が大変なのはわかる。しかし、夢や希望を叶えるためには必ず越えなければならない壁がある。公務員の場合、その壁の1つが採用試験だろう。純粋に地域のことを考え、行動しようとしているあなたのような人にこそ、公務員になってほしい。だから、是非、その壁から逃げずに公務員を目指してほしい。

　公務員は組織のなかで仕事をすることになるため、自分のやりたいことができないこともある。また、やりたくないことでも、やらなければならないこともたくさんある。そうした点では、もしかしたらＮＰＯよりも自由度は少ないかもしれない。でも、やりたくないことを、しっかりやり切ることで、自分の能力は高まると私は思う。

　自分自身、仕事とプライベートの両面で公に資する人財になることを目指しているが、鍛えられるのは圧倒的に仕事だ。それは、プライベートの活動は基本自分がやりたいことだけできるが、仕事は、やりたくないことでも、しっかりやり切らなければならないからだ。そうした（組織のなかで）仕事で揉まれる経験を味わってほしい。そして、そのなかで、組織とはどういうものかを学んでほしい。そのことは、公務員を辞めて最終的にＮＰＯの道に進むことになっても必ず役に立つはずだ」

　こんなやりとりのあとで、彼女がアンケートで書いてくれた感想が以下のようなものだった。

「ＮＰＯの方々と関わって公務員から少し気持ちが離れていきそうだったが、公務員の良いところをたくさん教えていただいた。勉強も頑張りたい、公務員になりたいと思った。」

　このエピソードから数年が経った頃、ある日突然、酒田市職員の松永隆さんから「後藤さんの記憶に残っている学生は、酒田市の新規採用職員ですよ」というメッセージが届いた。この記憶に残っている学生とは、前述した進路に迷っていた学生のことである。実は、この学生とのエピソードを、月刊ガバナンスの連載コラム「知域に飛び出す公務員ライフ」でも取り上げたことがあり、その際、彼女の大学卒業後の進路がわからないと記したところ、それを見た松永さんが、彼女が酒田市職員になったことをわざわざ私に知らせてくれたのである。

公務員にやりがいを感じなくなっていた学生が公務員になってくれた。しかも、自分と同じ市町村の職員になってくれたことが何より嬉しかった。**公務員の魅力を伝えられるのは公務員しかいない。**こうした魅力ある学生が公務員の世界を目指すよう、魅力ある公務員を増やさなければならないし、また、そのような魅力ある公務員と学生との対話の場を創り続けていきたい。

役所人生のなかで最も インパクトが大きかった出来事は何?

・係長への昇任

その答えは人それぞれ異なるだろう。それくらい役所人生とは刺激的な出来事のくり返しである。当然、役所人生が四半世紀を超えた私にも、これまで数多くの衝撃的な出来事があった。このなかでも、最もインパクトがあると私自身感じているものが、「係長への昇任」である。それくらい私にとっては衝撃的なものであり、仕事に対する向き合い方が変わる大きな節目となる出来事だった。

なぜ「係長への昇任」が、それほどインパクトのある出来事になったのか、その理由をお話ししよう。係員から係長になり最も大きく変わったこと、それは初めて部下を持つ立場になったということだ。それまでの私は、一係員として自分が担当する業務の状況や結果だけを考え仕事に取り組んでいればよかった。そして、時々、自分なりの判断で仕事を進め、係長には事後報告などといった時もあった。その反面、何かあったら係長や課長が責任をとってくれるだろうという甘えもあったように感じる。そのため、どの部署でも結果を気にすることなく自由にのびのび仕事に取り組んでいた。いま考えれば、なんと上司や同僚に恵まれていたのだろうか。素直にそう感じる。こうした状況が、係長になり一変する。それまでと異なり、自分が担当する仕事の進捗管理に加え係に課せられたミッションを果たすため、係員一人ひとりの状況を把握しケアしながら、係全体のパフォーマンスを最大限発揮できるようなチームづくりを行わなければならなくなった。こうした業績向上に向けた役割のほか、部下の成長を促す人材育成にも同時に取り組まなければならない。さらに、部下の考えを聞き、それを上司に伝え判断を仰ぎ、その結果を部下に伝え納得してもらう。こうした上司と部下をつなぐハブ的役割も担うことになった。こうした係長としての役割の多さ、大きさに、昇任したばかりの頃は戸惑うばかりだった。こうしたことが、最もインパクトある出来事と感じる所以である。

・係長として心掛けたいこと

このような状況のなか、私自身、係長として心掛けたことが3点あった。そして、それらのことを実践していくなかで、自分なりの係長像を徐々に確立できたと感じている。その3つのポイントとは、第1に「スピード」である。上司や係員との関係性のなかで、私は常に迅速な対応をとるように心掛けた。特に、係員への対応については、係員から判断を求められたときや相談を受けたときなどは、仕事の手を止めてでもすぐに話を聞くように心がけた。また、係員からの提案等について、自分だけで判断できないときには、すぐに上司に相談し、できるだけ早く結論を係員に伝えるようにしていた。

係員にとっては、自分で判断できず悶々としている時間や、上司に相談し、その判断が保留されている時間ほど無駄なものはない。素早い対応をとることで、係員の無駄な時間を省くことができ、それが係員一人ひとりのパフォーマンス向上となる。そして、それがひいては係としての生産性向上につながると考えた。

第2に「普段の会話を通して想いを伝える」ことである。「前例どおりにせず、新しいことにチャレンジする」「時間外勤務はしない」など、仕事をしていくなかで、私には大事にしていることがいろいろとある。しかし、その考えを、係員に直接指示することはせず、普段のコミュニケーションのなかで何となく伝えるようにしていた。仕事に対する考え方は人それぞれ違っている。そのようななかで、私は上司の考え方を部下に強要するようなことはしたくない。その一方で、一緒に仕事をしていくなかでは、ある程度上司の考え方を理解してもらわなければ、一つの係として協力しながら仕事を進めることはできない。そこで導き出した方法が、普段の会話を通して、係長である私の考えを何気なく係員に伝えることであった。このような方法をとることで、係長と係員が互いの考え方を尊重し、チームとして同じ意識で仕事を行うことができるようになったと感じている。

第3に「問題のある現場にこそ、自ら足を運ぶ」ということである。私は行革部門で初めて係長になったが、内部管理ということもあり、さまざまな課にいろいろなお願いをするケースが多かった。そのため、時に意見の相違などから苦情を言われることや揉めごとになるケースもあった。そのような時には、係員と一緒に、場合によっては一人で相手の部署に出向き、直接、対話するようにしていた。そうした姿勢が「何かあった時には係長が対処してくれる」という係員の安心感になったのではないだろうか。

・シュンギク

ここで、上司と部下のコミュニケーションに関して、私が大事にしている言葉をご紹介しよう。その言葉とは、「シュンギク」である。これは長崎県諫早市にある「こどもの城」の館長である池田尚さんからお聞きした言葉である。「シュンギク」とは、スタッフから旬の話題を聴くことを指している。上司と部下とのコミュニケーションに関して、部下が上司に報告、連絡、相談する「ホウレンソウ」をよく耳にするが、「シュンギク」は、聞き慣れない言葉だろう。**「シュンギク」とは、メンバーから一つひとつホウレンソウを受けるのではなく、旬の話題を聴き、リーダーが、その背景にあることや隠れていることまで受け取ることを指している。**この2つの言葉を比べると、ホウレンソウは発信者が責任を持ち、シュンギクは受信者も半分責任を持つことになる。つまり、「シュンギク」とは、現場の責任者であるリーダー自らが受信者として責任を負い、メンバーが行う情報の発信や意思決定の提案を共に助ける方法なのである。池田さんから「シュンギク」という考え方を学んで以降、私は「ホウレンソウ」よりも「シュンギク」を重要視しており、そのために、①細かい指示はせず、まずはメンバーに任せる、②自分の考えを持ちつつ、ある程度の段階に達するまでは口を出さない、③途中段階でメンバーから相談を受けたらすぐに自分の考えを伝える、④ポイントポイントで達成状況を共有し、改善点を話し合う、⑤メンバーが働きやすい環境を整える、という5つを心掛けている

２０１９年度をもって私は係長を卒業し、いまは課長補佐となっているが、係長として過ごした7年間で、チームリーダーとして、リーダーシップなど、多くのことを学ぶことができた。この経験を、課長になったときにしっかり活かせるよう、更にブラッシュアップしていきたいと考えている。

東北ＯＭのストロングポイントはオーバー50エイジ

・50代メンバーの存在

私が最も力を注いでいる東北ＯＭの活動が質量ともに成長することができた要因の一つに50代メンバーの存在がある。このストロングポイントに気付いたのは、東北ＯＭが発足してから６年目を迎えようとしていた２０１５年５月のことだった。同月、私の地元である山形市で開催する東北ＯＭ勉強会に、九州ＯＭの発起人・佐藤陽介さん（福岡県北九州市職員）、四国ＯＭの発起人・福田倫丈さん（香川県坂出市職員）、そして、上州ＯＭの発起人・松田和也さん（群馬県高崎市職員）が揃って参加してくれることになった。この３人に私を加えると、この当時発足していたＯＭと名の付くネットワークの発起人が一堂に集まることになる。このチャンスを逃す手はない。そう考えた私は、勉強会の翌日に、自治体職員ネットワークの有益性について考える全国ＯＭサミットを開催することにした。実は、このサミットこそが、私に東北ＯＭのストロングポイントを気付かせてくれる場となったのである。

全国ＯＭサミットでは、メインイベントとして、４人のＯＭ発起人がパネリストを務めるパネルディスカッションが行われた。このなかで、各ＯＭの強みについて、発起人たちが互いに語り合う場面があり、私は上州ＯＭについて、「中心的な存在である40代メンバーと、それを追いかける30代メンバーが切磋琢磨しているところが活動の充実につながっている」と話した。これに対して、上州ＯＭの松田さんからは「50代以上のメンバーが、後藤さんたちのような40代の中心的メンバーをしっかり支えているところが、上州ＯＭにはない東北ＯＭの強みである」という話が返ってきた。その瞬間、東北ＯＭの活動を仙台市役所内に広めてくれた鈴木由美さん、仙台市やその周辺で勉強会を開催する際に毎回サポートしてくれる太田千尋さんや佐藤忠之さん、東北ＯＭと宮城県南部（仙南地域）の人材をつないでくれた中畑義巳さんなど、東北ＯＭの活動を支えてくれている多くの先輩方の顔が頭に浮かんできた。こうした50代の先輩方の存在があったからこそ、東北ＯＭが、ここまで成長することができた。そのことを改めて感じると共に、松田さんから言われるまで、そのことに気付かなかった自分を恥ずかしいと感じたのである。そして、それ以降、この東北ＯＭのストロングポイントを私は強く意識するようになった。

　前述したとおり、人と組織と地球のための国際研究所・代表の川北秀人さんが、自治体職員の仕事について、最後の10年は「後輩たちの全力支援」という考え方を示しているが、東北ＯＭの先輩方は、東北ＯＭの活動のなかで、そのことを体現している。東北ＯＭは自治体ではないが、私たち

40代が「未来に備える仕組みづくり」を行うなかで、**50代のメンバーが「後輩たちの全力応援」としてしっかりサポートしている。**そういった体制が、自然にできていたことも東北ＯＭが成功した大きな要因だったに違いない。

・行動し、サポートもし……

私も50代になったら「後輩たちの全力支援」を行おうと考えているが、その想いを実践するスタイルについては、今よりも行動を抑え気味にし、一歩引いた形で活動に参加しながら、ひっそりとサポートしようと思っていた。しかし、この考えが変わる出来事があった。それが２０１８年12月に開催した全国自治体職員ネットワークサミットにおける縁伸レディースによるトークセッションだったのである。このトークセッションでゲストスピーカーを務めた4人は、巻き込み力（自分の活動に周りを参加させる力）、吸引力（人を惹きつける力）、そして、縁伸力（つながりを広げる力）という3つのパワーが抜群に凄い公務員女子で、ネットワーク活動において中心的役割を果たしながら、後輩たちのバックアップにも熱心に取り組んでいる縁伸レディースの名に相応しい方々だった。なお、この4人とは、秋田県北秋田市職員の松田淳子さん、千葉県職員の榊田直美さん、大阪府吹田市職員の菅有紀さん、長崎県諫早市職員の村川美詠さんである。

全国自治体職員ネットワークサミットで、縁伸レディースのみなさんが、後輩たちに送った素敵なお話しをほんのちょっとだけご紹介しよう。

村川美詠さん

一歩踏み出すことはいくつになっても始められる
でも、早い方が周りを幸せにできる

菅有紀さん

上司からの一言に支えられてきた
そのご恩を、ご恩送りとして下の人に返していきたい

榊田直美さん

自分の性能を知り、自分を乗りこなそう

松田淳子さん

東北ＯＭ勉強会から新たな動きが始まった
そのつながりが可能性を広げている

このトークセッションにおいて、私はコーディネーターを務めたが、４人の話しを聞いて２つの共通点があることに気付いた。その共通点とは、**第１に、自ら行動を起こし、後輩たちのロールモデルになっていること。そして、第２に、周りのことを考え、相手目線で物事を進めていること**の２点で

ある。つまり、これからの時代に求められる主体性と協働性の両面をバランスよく持っているということだった。

彼女たちの姿から、私が目指す50代のイメージができた。その姿とは、自らも行動を起こし、しっかりと後輩たちに見本を示しながら、その一方で後輩たちが事を起こした時には全面的にバックアップし、一兵卒として若手の活動に貢献するというものだった。私が、東北ＯＭの先輩たちを頼りになる存在と感じているのも、よく考えてみれば、彼ら一人ひとりが自ら行動を起こし、さまざまな活動に取り組んでいるからである。彼らのように、私も50代になったら一歩引くのではなく、積極的に行動を起こし後輩たちに見本を示しながら、時に一メンバーとして後輩たちの活動を精力的にサポートしていきたいと考えている。そうした二面性を持つ先輩こそが、私が目指す50代以降の姿である。

人の流動性が自治体の世界にも到来

・公務員からの転職

ここ数年感じていることだ。特に、2019年3月は、それを強く意識する年度末となった。そう感じた理由、それは転職する自治体職員の多さである。

毎年、年度末になると、自治体を退かれる方々がSNSを通して退職の報告を行っている。その様子をフェイスブックなどで眺めながら、転職を理由に自治体を退職される方が年々増えていると私は感じていた。しかも、そのバリエーションは年々広がっている。民間企業に転身する方もいれば、大学の教員になる方もいる。また、政治の道を志し、首長や地方議会の議員を目指す方もいる。その一方で、都道府県職員から市町村職員へ、逆に市町村職員から都道府県職員へなど、自治体間で転職する方もいれば、自治体から国の省庁へと地方公務員から国家公務員に転身する方もいる。面白いところでは、地元の市役所から、職員採用や副業制度などで話題になっている生駒市役所など魅力を感じる他自治体に転職する方も出始めている。こうした転職に関するバリエーションの多様化も時代を現している。

一昔前の終身雇用が当たり前だった時代では、自治体職員が定年前に退職し、転職するなど、考えられないことだった。その点では、成熟社会が進展するなかで、自治体の世界にも生き方、働き方の多様性がどんどん浸透してきている証拠だといえる。こうした状況から２０１８年12月に開催した全国自治体職員ネットワークサミットで、ＯＮＥ　ＪＡＰＡＮ代表の濱松誠さんよりお聞きした「終身雇用から終身信頼の時代へ『辞めるか、染まるか、変えるか』」という話をよりリアルに感じるようになった。

ここで、この濱松さんの「染まるか　変えるか　辞めるか」という言葉を用いて、「これからの公務員キャリア」に関する私なりの考えをお話ししよう。

・一人ひとりが生き方・働き方を選択する時代

組織に染まりたければ、シングルキャリアで、組織の常識だけを大事にして仕事に取り組んでいけばいい。組織を変えていきたければ、パラレルキャリアで、さまざまな活動に取り組み、多様な価値観や人脈を得て、公私にわたり新しいことにチャレンジしていけばいい。そして、「変えるか」の先にあるものが「辞めるか」である。「やりたいこと」「できること」「求められていること」の3つの視点から自分が成し遂げたいことを見つけ出し、そのうえで、それを実現できる職業が今の職業ならば「変えるか」を選択し、もし、違う職業ならば「辞めるか」を選択する。これからの公務員キャリアは、こうしたロジックで考えるべきではないだろうか。ただし、この問いに対する正解はない。どういった生き方を選択するかは、一人ひとりの価値観に委ねられる。そのため、「染まるか」を選択しても、それを非難するものではないし、実際、大多数の人がこのカテゴリーを選び幸せな人生を過ごしている。一人ひとりが生き方・働き方を選択する時代。これこそが、これからの成熟社会におけるキャリアだと私自身は考えている。

自治体職員の転職に対する反応についても多様化している。自治体職員の可能性を伸ばすことと捉え歓迎する方もいれば、どんどん優秀な人材が自治体を離れていくと危機感を感じている方もいる。私の考えは後段でお話しするが、まずは、そういう時代だと割り切るしかないと思っている。ただ、大事なことは、**このような時代の動きに合わせた人事制度（採用、昇任、人材育成など）を構築していかないと、人の流動性が激しい社会において、自治体は、良い人材を確保することが難しくなるということである。**

私は、人口減少対策と自治体における人材確保に対する考え方は似ていると感じている。つまり、そこで暮らす（働く）人たちが、生き甲斐（働き甲斐）を持って生活している（仕事をしている）魅力溢れる地域（組織）であれば、自然と人は集まってくるということだ。そうした点では、まずはＥＳ（従業員満足度）を高めることが大事であり、そのような取り組みを進めることで、自然と良い人材が集まってくる。これにより、その組織のパフォーマンスが向上し、それがCS（顧客満足度）の向上へとつながっていく。この考え方を具体的な動きに当てはめると、評価や育成など、人事制度をより良いものにすることで、職員のモチベーションが高まり、組織の生産性が向上し、最終的には市民満足度も向上する。そして、そういった魅力的な組織には自然と優秀な人材が集まるようになるというわけだ。

実際、職員採用や副業制度など、職員に着目した政策を効果的に実施している生駒市では、採用試験の受験者数が急激に増えている。前述したとおり、私の周りにも、出生地である自治体を辞めて生駒市に転職する人まで現れてきた。これもまた時代の動きを現した一つの出来事だと私自身は感じている。

・民と官の相互理解

ここで、結論を後回しにした公務員の転職、あるいは自治体における人の流動性に対する私の考えをお話ししよう。結論から言うと、こうした動きを私は歓迎している。その理由は、流動性が激しくなるほうが、民と官との相互理解が進むと考えるからである。今後、自治体が限られた資源を活用しながら多様な地域課題を解決していくためには、今よりも更に民官連携を進めていく必要がある。まして、公共サービスにビッグデータやＡＩを活用していくことが当たり前になっていけば、そうした技術に精通した民間企業とのコラボレーションは不可欠である。しかし、まだまだ民間は行政の抱えている課題を把握しておらず、また、行政は民間が有している技術やノウハウについて理解していない。このアンマッチを解決すれば公共サービスの質が高まり、社会課題の解決につながるはずだ。

それでは、このアンマッチをどうすれば解決できるだろうか。その答えは両者の立場や現状、考え方を理解したつなぎ役となる人材の創出及び育成だと考えている。人の流動性が激しくなれば、それだけ民と官双方で働いた経験がある人材が、民間企業にも自治体にも増えていくだろう。そうした人材が民と官とで異なる言語や習慣を翻訳する通訳の役割を果たせば民と官との相互理解が深まり、実りある民官連携へと発展していくのではないだろうか。

いずれにしても、公務員も多様な生き方が選択できる時代になった。それは、一人ひとりが人生を豊かにするためのキャリアを考える時代になったともいえるだろう。

コラム

新型コロナの影響により5年後の未来がやってきた

コロナ禍の状況のなかで、私自身が感じていることである。ここで言う5年後の未来とは何を指しているのか。それは、私たち自治体職員の働き方である。新型コロナの影響により、たった数か月で会議や出張など自治体職員の働き方は大きく変わった。しかし、この変化は、遅かれ早かれ訪れるべきものだったのではないだろうか。それが、新型コロナの影響で、強制的に変化せざるを得なくなっただけのことだと私自身は感じている。

・5年後の未来が今目の前に

新型コロナの感染拡大により、私たちの生活様式は大きく変わった。マスク着用や、人との密着、密集を避ける生活が当たり前となり、ソーシャルディスタンスや三密防止、新たな生活様式といった新しい言葉が生み出されることになった。この状況は、当然、私たち自治体職員の働き方にも大きな影響を及ぼすことになる。外出自粛、特に県境を越えた移動の自粛要請に伴い、出張や県外事業者との打ち合わせが大きく減少した。また、人同士の接触回避の観点から、外部の人が参加する会議や不特定多数の人々が参加するイベントなどは相次いで中止、延期となった。そして、職場内でクラスターが起きないよう勤務形態も検討されることになったのである。こうした状況により、Ｚｏｏｍなどを活用したオンラインによる会議や打ち合わせが行われるようになり、また自治体によっては、時差出勤やテレワークなど、新しい働き方を実践しているところも相当数あると聞いている。

　こうした変化は新型コロナが発生したから起きた事象なのだろうか。前述したとおり、私はそうは思わない。なぜならば、プライベートの活動ですでにＺｏｏｍを活用した打合せなどを行っていたため、こうした手法がいつか自治体でも当たり前になると感じていたことや、人口減少社会のなかで、限られた人材を有効活用していくためには、自宅や遠隔地にいても仕事ができるリモートワークができる環境整備が必須と行革担当時代から考えていたからである。ただ、こうした状況が当たり前になる時代はもう少し先だと感じていた。それは、便利なツールが開発されたからといっても、リスクが除去されないうちは、すぐに導入しないのが自治体の特徴だからである。こうした考えが、冒頭の「５年後の未来がやってきた」と感じる所以である。

・「できるか」「できないか」から「やるか」「やらないか」

「できるか」「できないか」を考えなかなか先に進めなかったことが、新型コロナの影響により、「やるか」「やらないか」という決断に迫られ、実施に向けて一気に加速した。そのこと自体は非常に有益なことだが、事を急いだあまり、課題に関する議論が深まっていないこともある。その一つが、リアルとバーチャルのバランスだ。オンラインでの会議やテレワークは、リアルに会って物事を進めるわけではない。そのため、そうした取り組みを加速すると、組織間、あるいは個人間の関係性を希薄にしてしまう可能性がある。いま、大きな問題が起きていないのは、これまでのリアルなつながりをベースに取り組みが進められているからであり、これが、リアルなつながりを確保することなく、オンラインの活用等を進めていくと、徐々に歪が出てくるのではないだろうか。こうしたことへの対応が、コロナ禍において、自治体として取り組むべき課題の一つだと私自身は感じている。つまり、リアルな関係性を構築しつつ、バーチャルを上手に活用し効率的に連携関係を構築していく。これがアフターコロナの世界では重要だということである。

・オンラインは距離の壁を乗り越えられる

一方で、こうした状況は仕事だけでなく、自治体職員が取り組む自主研にも、大きな影響を及ぼすことになるだろう。こうした時代の転換期である今こそ、「自主研の未来」について考える必要がある。そのような話しに神奈川県大和市職員の坂本勝敏さんとなり、２０２０年７月に「全国自治体職員ネットワークサミット・スピンオフ企画」（以下、「ＮＷサミット・スピンオフ」）をオンラインにより開催した。このイベントでは、自治体を卒業し民間で活躍中の高倉万記子さん（ＪＩＰＤＥＣ／元八幡浜市）、川那賀一さん（ＤＭＭ・ｃｏｍ／元岐阜市）、蒲原大輔さん（サイボウズ／元品川区）をゲストに迎えパネルディスカッションを開催した。このパネルディスカッションの内容が、自主研の未来と、自主研の仕事への活かし方を考えるうえで非常に有益な内容だったことから、このパネルディスカッションを通して、私自身が感じた「自主研の未来」についてここで紹介しよう。

オンラインは時間や距離の壁を乗り越えられる。その反面、リアルな交流よりも信頼関係を構築し難い。ただし、オンラインなりの丁寧な対応の仕方を考え実践するとともに、時折、リアルな交流を挟むことで、オンライン中心の交流でも、ある程度の信頼関係は構築することができる。

民間は行政の抱えている課題を知らない。逆に、行政は民間が有している技術やノウハウ、コンテンツなどを知らない。このアンマッチを解決すれば公共サービスの質が高まり、社会課題の解決につながる。そのためには、民と官がつながる場が必要だが、その受け皿として自主研は有効な活動だ。

自主研にもっと民の立場の人たちに参加してもらう必要がある。そうすることで、自主研を民と官との人的な交流及び情報共有の場としていくことができる。そして、そのことが民官連携のレベルアップにつながる。

これらの話しを総括すると、これからの自主研には、オンラインを上手に活用しながら、民間分野の方々の参加を促すための仕組みを構築し、民と官とがつながるきっかけの場にしていくことが求められている。そして、それを普段の仕事に活かしていく。こうした取り組みこそ、自主研のニューノーマルといえるのではないだろうか。

最後に、あるシンポジウムにおける長野県塩尻市職員の山田崇さんの話しをご紹介しよう。それは、「起きてしまったことはどうしようもないが、起きてしまったことに意味付けをすることはできる」というものだ。新型コロナの感染拡大という起きてしまったことをなかったことにはできない。しかし、新型コロナの影響で、こんな素晴らしい取り組みが広まったという意味付けはできるだろう。そうした取り組みを少しでも実践できるよう、これまでの既成概念に捉われず、まちづくりの未来に必要なアイデアを考え形にしていこうではないか。

あとがき

本書のベースとなっている月刊ガバナンスの連載コラム「『後藤式』知域に飛び出す公務員ライフ」は、２０２０年4月号で6年目を迎えることになった。連載開始から節目の5年目が終了したわけだが、正直、ここまで連載が継続するとは思わなかった。まして、その連載記事をベースとした単行本が出版されるなど夢のような話である。

これまでの連載をふり返ると、仕事やプライベートの活動に取り組むなかで、多くの素敵な人たちとの出会いや交流があり、こうした〝つながり〟を通して、多くの気づきや刺激を得ることができた。これが、ネタが尽きず、連載を継続することができた一番の要因だと感じている。これもまた〝つながり〟が可能性を広げてくれた1つの証になったのではないだろうか。

２０１９年度以降は、仕事に追われる日々が続き、ワーク、ライフ、コミュニティのなかで、ワークに占める比重が大きくなった。このようななかでも、毎月欠かすことなく連載を続けることができたのは、仕事、家庭、コミュニティ活動の各分野でサポートしてくれる上司や同僚、全国各地の仲間たち、そして、何より家族の理解やサポートのお陰である。また、本書の執筆に当たっては、当初の予定よりも1年あまり時間を要してしまった。仕事の関係で執筆に充てる時間がとれなかったことが一番の要因であるが、そのような状況のなかでも辛抱強く待ち、サポートしてくださった編集担当の板倉実菜美さんには大変な負担を掛けてしまった。こうした私を支え励まし、刺激を与えてくれるすべての方々に、この場を借りて心から感謝の意を表したい。

私は30代から知域活動をはじめ、これにより公務員人生が大きく変わった。公務員という仕事に対して、より一層誇りを持つことができるようになり、仕事に対するモチベーションも格段に向上した。また、他自治体や他セクターで活躍する人材との交流により、「井の中の蛙」とならず、常に向上心を持ってチャレンジすることができるようになった。

人口減少、少子高齢化、住民ニーズの多様化などにより、公務員を取り巻く環境は今後ますます厳しくなるだろう。そのような状況のなかで、〝つながり〟は大きな武器になる。その武器となる〝つながり〟を得るためにも、是非、多くの公務員が知域に飛び出してほしいと感じている。そして、そのことが公務員の価値とモチベーションの向上へとつながっていくと信じている。

2020年12月

後藤　好邦

◆プロフィール

後藤　好邦（ごとう・よしくに）

山形市役所企画調整部企画調整課　課長補佐
1972年生まれ。1994年に山形市役所入庁。納税課、高齢福祉課、体育振興課冬季国体室、企画調整課、都市政策課、行革推進課、企画調整課交通企画係長、政策調整係長を経て現職。政策調整、仙山連携等を担当。
2009年6月に岩手県北上市の職員らと共に「東北まちづくりオフサイトミーティング」を発足し、人・組織・地域・いろいろなものを繋ぎ、東北、そして日本を元気にするための活動を実践中。2015年4月からは、月刊ガバナンスにて「『後藤式』知域に飛び出す公務員ライフ」を連載中。

『知域』に1歩飛び出そう！
ネットワーク活動でひろがる公務員ライフ

令和3年2月10日　第1刷発行

著　者　後藤　好邦
発　行　株式会社ぎょうせい
〒136-8575　東京都江東区新木場1-18-11
URL：https://gyosei.jp

フリーコール　0120-953-431
ぎょうせい　お問い合わせ　検索　https://gyosei.jp/inquiry/

〈検印省略〉

印刷　ぎょうせいデジタル株式会社

ISBN978-4-324-10928-1
(5108675-00-000)
〔略号：公務員ライフ〕